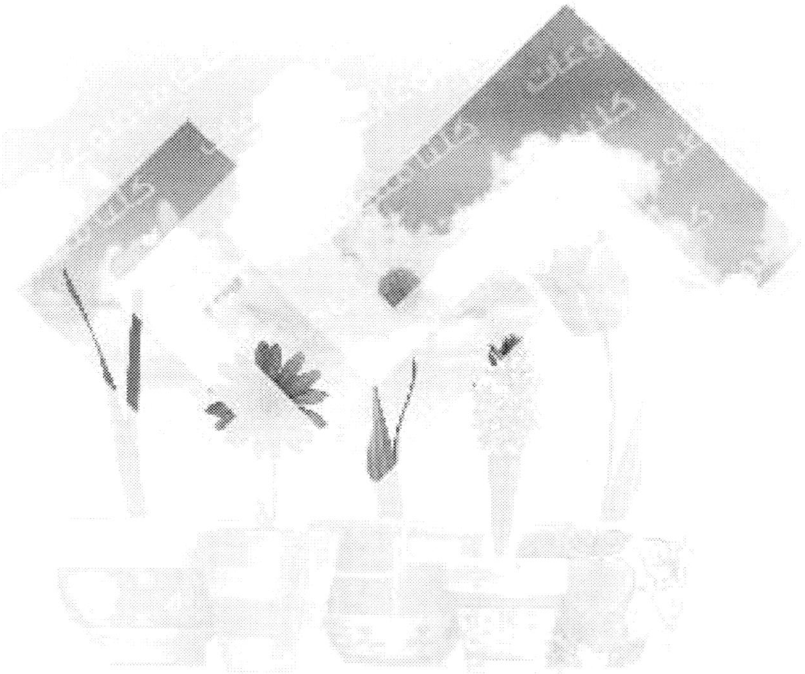

كلنا متطوعات

❮ فاطمة بنت عبد الله التميمي

ح فاطمة عبد الله التميمي، ١٤٣٠ هـ

فهرسة مكتبة الملك فهد الوطنية أثناء النشر

التميمي، فاطمة عبد الله

كلنا متطوعات/ فاطمة عبد الله التميمي - الرياض، ١٤٣٠هـ. ص ٥٥ ؛ ٢٠ * ٢٠ سم

ردمك: ٥ - ٣٤١٨ - ٠٠ - ٦٠٣ - ٩٧٨

١- العمل التطوعي ٢ - الإسلام والمجتمع أ. العنوان

ديوي ٢١٤,٣٦١   ١٤٣٠/٦١٤٨

رقم الإيداع: ١٤٣٠/٦١٤٨

ردمك: ٥ - ٣٤١٨ - ٠٠ - ٦٠٣ - ٩٧٨

توزيع دار رسالة البيان للنشر والتوزيع
هاتف: ٤٥٤٦٨٦٨
فاكس: ٤٥٣٢١٢١

فريق النجاح

www.najahteam.com

الفهرس

أسس ومنظومات العمل التطوعي ٢٦

من قيم العمل التطوعي ٢١

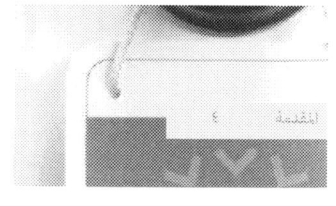
المقدمة ٤

مهارات التطوع ٣٤

مقدمة

الحمد لله رب العالمين، والعاقبة للمتقين، والصلاة والسلام على خاتم الأنبياء والمرسلين... وبعد:

فهل نحن في حاجة إلى العمل التطوعي؟

والجواب: إن حاجة المجتمع إلى العمل التطوعي كبيرة، وكبيرة جداً!!

فكم من الفقراء الذين هدَّهم العوز، وأثقلتهم الفاقة؟

وكم من الأرامل والمطلقات اللاتي لا يجدن حيلة ولا يهتدين سبيلا!

وكم من الرجال الذين أريقت مياه وجوههم، وقهرتهم المشكلات، وأذلتهم العاهة!

وكم من النساء والأيتام الذين يسهرون الليالي حزناً وألماً!

وكم من المرضى والعجزة...!

وكم من المعوقين والمسنين...!

إنه لا يدرك آلام الناس إلا من خالطهم، وعرف أحوالهم.

وصدق الشاعر إذ يقول:

لا يعرف الشوق إلا من يكابده ... ولا الصبابة إلا من يعانيها

ثم إن العمل التطوعي أشمل من العمل الاجتماعي؛ فهو يستوعب كل مظاهر الاحتياجات التنموية، والتعليمية، والدعوية، والتربوية... ونحوها، وحاجة المجتمع للتعاون والتطوع فيها غير خافية على ذي نظر.

ولـمَّا كان العمل التطوعي بهذه المنزلة؛ فقد اعتُبِر من الأعمال الحيوية في المجتمع، وركيزة رئيسة من ركائز التنمية.

ويشرفني أن أقدم في هذه الورقات إسهاماً متواضعاً؛ قصدت منه ثلاثة أهداف رئيسة:

الأول: التحفيز نحو العمل التطوعي، والتأكيد على أهميته.

الثاني: نشر ثقافة التطوع في المجتمع.

الثالث: الارتقاء بالعمل التطوعي من خلال التذكير ببعض الأدبيات المهمة.

إنني في هذه الورقات لا أتجاوز مخاطبة المبتدئات في هذا المضمار المبارك، ولقد حرصت على أن تكون صياغته مختصرة وسهلة ومباشرة؛ بعيدة عن التكلف والتفصيل، جمعت فيه بين الخطابين العلمي والعاطفي، ثم ختمته بقصتين واقعيتين بعنوان: (قصتي مع الباروكة!)، والثانية بعنوان: (جنَّات)، وهما نموذجان من عشرات النماذج التي مرت معي في الميدان التطوعي وأرجو أن يكون فيهما تحفيز ودعوة لمزيد من العطاء والبذل، ودليلٌ على أن التطوع لا يُختزل في دفع المال؛ ولكنه يتجاوز ذلك إلى رعاية المشاعر الإنسانية، والإحساس بهموم الناس.

ومن نافلة القول الإشارة إلى أن أمام العمل التطوعي عقبات كثيرة، ومن الواجب على رواد العمل استحضارها وتدارسها والعمل الجاد على تجاوزها، لكنني أشعر أحياناً أن المبالغة في الحديث عن التحديات والمعوِّقات والعقبات يؤدي إلى الإحباط واليأس، ولهذا أرى أننا أحوج ما نكون إلى استثمار الفرص والحديث عن المجالات الكثيرة المفتوحة التي يمكن أن تكون ميادين للانطلاق والإبداع.

وختاماً: الفضل في هذا الجهد يعود - بعد فضل الله تعالى - إلى أخواتي في (فريق النجاح)، فقد كان لهن الدور الرئيس في بناء الفكرة وإنجاز العمل، فجزاهن الله أعظم الجزاء، والشكر موصول لسعادة الأستاذ الدكتور (عبد الله بن سلطان السبيعي)، المشرف العام على فريق النجاح، والرائد الذي استوعب هذه الطاقات واستطاع أن يجعلها طاقات فاعلة ومنتجة.

ويشرفني كثيراً أن أجد التسديد والتصويب والإضافة من أخواتي الفاضلات، وأن ندير حواراً مشتركاً حول مادة الكتاب ورسالته التطوعية في منتدى فريق النجاح.

وأسأل الله أن يستعملنا جميعاً في طاعته، ويجعلنا مفاتيح للخير.

وصلى الله وسلم على نبينا محمد وآله وصحبه.

فاطمة بنت عبد الله التميمي

fatemah-altamimy@hotmail.com

بسم الله الرحمن الرحيم

الحمد لله والصلاة والسلام على هادي البشرية إلى طريق الخير محمد بن عبد الله ﷺ، أما بعد..

فلن يعدم الباحث في المكتبة العربية أن يجد كتاباً عن العمل التطوعي. لكن كتبنا العربية في أي مجال كان يغلب عليها التنظير والاهتمام بالشكل على حساب المحتوى. ولعله لا يخفى على أحد ما تلقاه الكتب المترجمة من رواج لدى القارئ العربي، وذلك في ظني يعود لسببين أساسيين هما: انطلاق مؤلفي هذه الكتب من خبرات عملية طويلة مثرية، وتركيزهم على تزويد القارئ بالأدوات والمهارات العملية.

ولقد أسعدني أن وجدت هذا الكتاب يرتكز على هاتين الركيزتين - خبرة المؤلفة من خلال عملها التطوعي مع الأطفال المصابين بالسرطان ومجتمع فريق النجاح، إضافة إلى تركيزها على الجوانب العملية في العمل التطوعي. ومن هنا جاء الحديث عن أسس العمل التطوعي وقيمه والمهارات اللازمة للمتطوع وأسباب التوقف عن العمل التطوعي...

وأخيراً جاءت بعض القصص لكي يتضح المقال بالمثال.. وكل ذلك في أسلوب بسيط مشوق بعيد عن التكلف أو صنعة الأدب المبالغ فيها.

تحية للمؤلفة.. ودعوات صادقة بأن يحقق الله لها الأمل في إقامة مشروع تطوعي ينفعها الله به يوم تلقاه.

أ. د. عبد الله بن سلطان السبيعي

أستاذ واستشاري الطب النفسي،
كلية الطب، جامعة الملك سعود
المشرف العام على موقع ومجتمع فريق النجاح

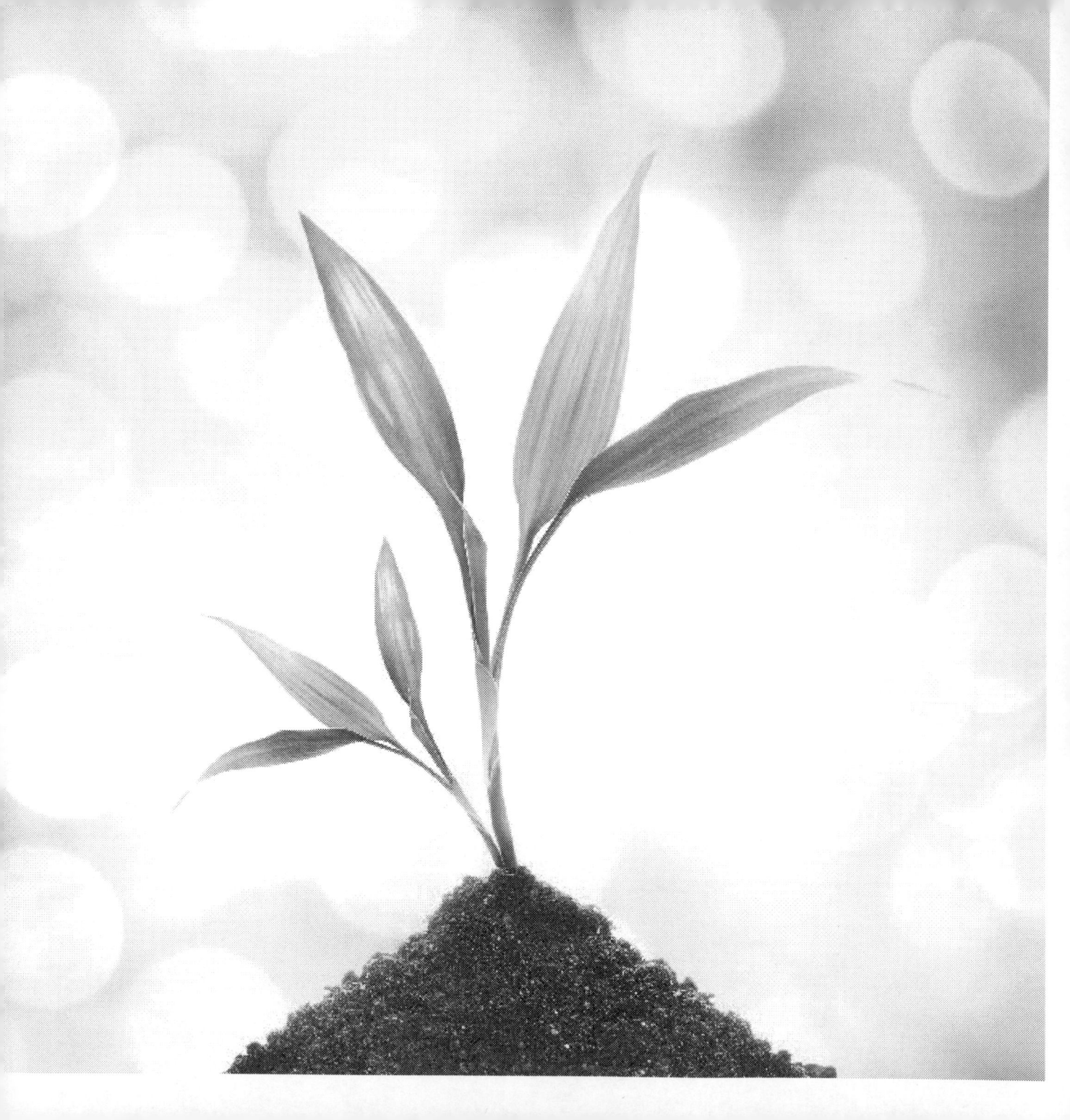

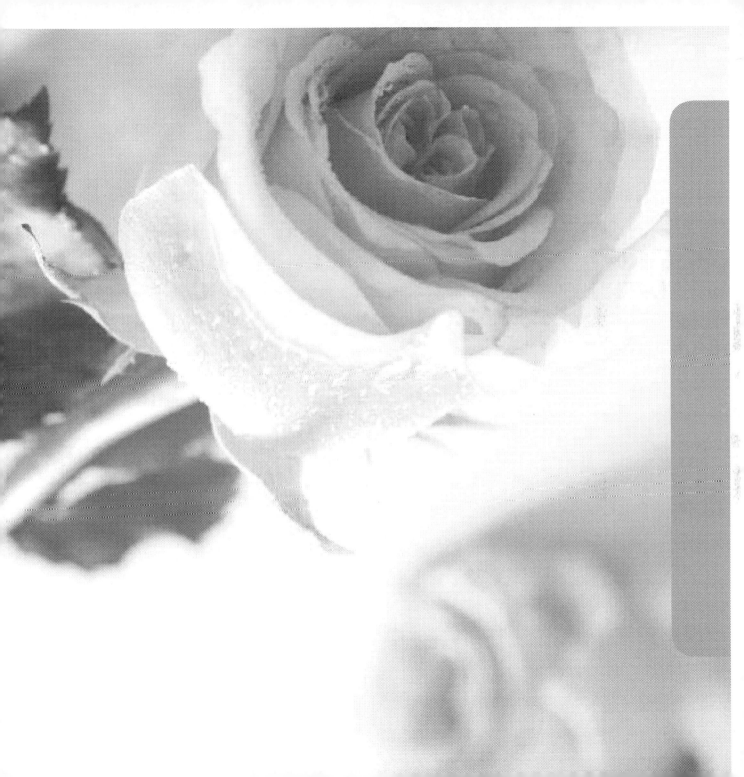

مدخل

العمل الخيري أصل أصيل في دين الإسلام، وركيزة رئيسة من ركائزه؛ فالنصوص الشرعية المتواترة تستحث جميع أفراد المجتمع بمختلف شرائحهم واهتماماتهم إلى المبادرة في بذل المعروف، والتسابق في فعل الخيرات، والإقبال على الطاعات.

قال الله - تعالى -: ﴿وَسَارِعُوا إِلَى مَغْفِرَةٍ مِّن رَّبِّكُمْ وَجَنَّةٍ عَرْضُهَا السَّمَوَاتُ وَالأَرْضُ أُعِدَّتْ لِلْمُتَّقِينَ #١٣٣# الَّذِينَ يُنفِقُونَ فِي السَّرَّاءِ وَالضَّرَّاءِ وَالْكَاظِمِينَ الْغَيْظَ وَالْعَافِينَ عَنِ النَّاسِ وَاللَّهُ يُحِبُّ الْمُحْسِنِينَ﴾ [آل عمران: ١٣٣ - ١٣٤].

وقال - تعالى -: ﴿وَافْعَلُوا الْخَيْرَ لَعَلَّكُمْ تُفْلِحُونَ﴾ [الحج: ٧٧].

وقال - جل شأنه -: ﴿وَمَن تَطَوَّعَ خَيْرًا فَإِنَّ اللَّهَ شَاكِرٌ عَلِيمٌ﴾ [البقرة: ١٥٨].

لقد أوقفنا القرآن الكريم على صورتين متقابلتين:

• صورة المجتمع الجاهلي الذي يمنع الخير ويتصدى له، كما وصف الله - عز وجل - أحد خصوم النبي # بقوله - سبحانه -: ﴿وَلا تُطِعْ كُلَّ حَلَّافٍ مَّهِينٍ #١٠#) هَمَّازٍ مَّشَّاءٍ بِنَمِيمٍ #١١#) مَنَّاعٍ لِّلْخَيْرِ مُعْتَدٍ أَثِيمٍ﴾ [القلم: ١٠ - ١٢] وقال - تعالى -: ﴿أَلْقِيَا فِي جَهَنَّمَ كُلَّ كَفَّارٍ عَنِيدٍ #٢٤#) مَّنَّاعٍ لِّلْخَيْرِ مُعْتَدٍ مُّرِيبٍ﴾ [ق: ٢٤ - ٢٥].

• وصورة المجتمع المسلم الذي يُبنى على العطاء والتعاون والتكاتف، قال الله - تعالى -: ﴿وَتَعَاوَنُوا عَلَى الْبِرِّ وَالتَّقْوَى﴾ [المائدة: ٢] وتأملي وعده - جل شأنه -: ﴿فَأَمَّا مَنْ أَعْطَى وَاتَّقَى #٥#) وَصَدَّقَ بِالْحُسْنَى #٦#) فَسَنُيَسِّرُهُ لِلْيُسْرَى﴾ [الليل: ٥ - ٧].

وفي هذا الإطار نجد أن من اللطائف الجديرة بالتأمل؛ أن الشارع الحكيم لم يترك عذراً لأحد، فالناس كل الناس يجب أن يكون لهم نصيب من هذا السبيل، وتأملن معي هذه الأحاديث الشريفة:

• قال رسول الله #: «اتقوا النار ولو بشق تمرة، فمن لم يجد فبكلمةٍ طيبة»[1].

(١) أخرجه: البخاري رقم (٦٥٤٠)، ومسلم رقم (١٠١٦).

• وقال رسول الله #: «لا تحقرَنَّ من المعروف شيئاً، ولو أن تلقى أخاك بوجه طلق»[1].

• وقال رسول الله #: «بلِّغوا عني ولو آية»[2].

إن هذه الأحاديث – ونظائرها كثير – قطعت العذر على كل أحد، فلا حجّة لأي شخص في التكاسل عن بذل المعروف، فكلٌّ يعمل على قدر طاقته وهمته، ولا مكان للعجزة المتواكلين، لا مكان للقاعدين البطّالين.

ومجالات وفرص العمل التطوعي كثيرة، بل كثيرة جداً، وهو في حاجة لنا جميعاً بتنوع طاقاتنا وقدراتنا وظروفنا.

الرجل أمامه ميدان فسيح للتطوع والفاعلية لا تحدُّه حدود، والمرأة في بيتها أيضاً لديها فرص كثيرة للفاعلية وعمل الخير، سواءً أكان ذلك من خلال الممارسة المباشرة، أو من خلال الوسائط الإلكترونية الحديثة.

وقد تعرفت من خلال عملي الخيري على بعض الأخوات اللواتي قدَّمن خدمات مشكورة للعمل التطوعي وهن في بيوتهن؛ مثل تصميم الإعلانات والمطبوعات، وتجهيز الهدايا، والمشاركة في الدعوة الإلكترونية، وبناء الأفكار التطوعية... ونحوها، وأذكر أن امرأة في العقد السابع من عمرها شاركت مَعَنا في بعض الأعمال التطوعية، وكانت مثالاً للمسارعة في الخير، وقدوة للفتيات في الجدية والحرص.

ومن البرامج العملية الرائدة في مجتمع فريق النجاح: الاستشارات النفسية عبر الموقع الإلكتروني، حيث يتفاعل المتخصصون في تقديم الرأي العلمي والدعم النفسي لمن يحتاجه، وهذا عمل تطوعي يسير لا يكلف الإنسان جهداً كبيراً، لكن الله - عز وجل - ينفع به نفعاً كثيراً.

ومن المهم التذكير بالدور الفاعل والمؤثر للمرأة في العمل الخيري، فدورها محوري بكل المعايير وليس هامشياً على الإطلاق؛ إذ تستطيع المتطوعة أن تقوم بأدوار كثيرة لا يستطيع الرجل القيام بها، وخاصة فيما يتعلق بشؤون المرأة والأسرة والطفل، ويجب أن نستثمر العاطفة الرقيقة التي تملكها المرأة في إشاعة الرحمة ونشر الرأفة في المجتمع.

كما أن الفتيان والفتيات يمكن أن يكونوا في مقدمة صفوف المتطوعين، بل حتى الأطفال يستطيعون أن يبدعوا ويقدِّموا خيراً كثيراً، إذا استطعنا أن نغرس فيهم حب الخير ونربيهم على العطاء.

(١) أخرجه: مسلم، رقم (٢٦٢٦). في رواية للإمام أحمد، قال رسول الله #: (لا تحقرن من المعروف شيئاً، ولو أن تعطي صلة الحبل، ولو أن تعطي شسع النعل، ولو أن تفرغ من دلوك في إناء المستسقي، ولو أن تنحي الشيء من طريق الناس يؤذيهم، ولو أن تلقى أخاك ووجهك إليه منطلق، ولو أن تلقى أخاك فتسلم عليه، ولو أن تؤنس الوحشان في الأرض) أخرجه أحمد، رقم (١٥٩٥٥) وصححه الأرنؤوط.

(٢) أخرجه: البخاري، رقم (٣٤٦١).

ومن الأحاديث الجديرة بالتأمل أن أبا هريرة - رضي الله عنه - أخبر: «أن أسود - رجلاً أو امرأة - كان يقمُّ المسجد، فمات، ولم يعلم النبي ﷺ بموته، فذكره ذات يوم فقال: ما فعل ذلك الإنسان؟ قالوا: مات يا رسول الله! قال: أفلا آذنتموني؟ فقالوا: إنه كان كذا وكذا (قصته)، قال: فحقروا شأنه! قال: فدلوني على قبره، فأتى قبره فصلى عليه»[1]، وهكذا يُنال الشرف!

فاحتفاء النبي ﷺ بتطوع هذا الشخص رغم تحقير الناس لشأنه، يدل على قيمة المبادرة في فعل الخير، وتقدير العمل التطوعي في ميزان الشرع وإن ظنه الناس يسيراً.

ولكن عندما تتأملين في الناس من حولك تجدين - مع الأسف الشديد - عدداً كبيراً من هؤلاء الناس يعيشون بلا هدف، وليس لهم مشروع نبيل يسعون لتحقيقه، وغاية ما يشغلهم بعض المطالب الكمالية والاستهلاكية التي تسلبهم أي معنى من معاني الإنسانية.

إن مبدأ العمل التطوعي مبدأ راسخ الجذور في دين الإسلام، متغلغل في تاريخ الأمة الإسلامية وفكرها وثقافتها، وتحويله إلى ممارسة في سلوك المجتمع ينهض به، ويبني فيه الحيوية، ويجعل جميع أفراده يداً واحدة في العطاء والبذل.

ومن المهم التأكيد هنا على أن التطوع ليس قيمة شكلية تُتْرك لأوقات الفراغ، أو تُسند لبعض الهواة، ويخضع للاجتهادات المرتجلة، بل من المهم السعي الحثيث لبناء توجه جماعي في المجتمع، يسير نحو الثقة بأهمية العمل الخيري، وترسيخ معالمه في الأسرة والمدرسة والحي والمسجد، وجميع مؤسسات المجتمع، وقد آن الأوان أن نرفع جميعاً شعار:

كلنا متطوعات .. كلنا قادرات على العطاء

(١) أخرجه: البخاري رقم (٤٥٨)، ومسلم رقم (٩٥٦).

مَن المستفيد من العمل الخيري؟

الذي يبدو بادئ الرأي أن المستفيد من العمل الخيري هو الشخص الذي يُوجَّه له العمل، سواءً أكان ذلك صدقةً مباشرة أو أيَّ عون أو عمل نحو ذلك.

لكن الصحيح أن المستفيدة الأُولى هي القائمة بالعمل التطوعي، قال الله - عز وجل -: ﴿وَمَا تُقَدِّمُوا لِأَنفُسِكُم مِّنْ خَيْرٍ تَجِدُوهُ عِندَ اللَّهِ هُوَ خَيْرًا وَأَعْظَمَ أَجْرًا﴾ [المزمل: ٢٠]، وقال - تعالى -: ﴿وَمَا تُنفِقُوا مِنْ خَيْرٍ فَلِأَنفُسِكُمْ﴾ [البقرة: ٢٧٢].

ولتتأمل القارئة الكريمة معي هذا الحديث النبوي الشريف:

عن أبي ذر – رضي الله عنه – عن رسول الله # أنه قال: (على كل نفس في كل يوم طلعت فيه الشمس صدقة منه على نفسه). قلت: يا رسول الله من أين أتصدق وليس لنا أموال؟ قال: (لأن من أبواب الصدقة التكبير، وسبحان الله، والحمد لله، ولا إله إلا الله، وأستغفر الله، وتأمر بالمعروف، وتنهى عن المنكر، وتعزل الشوكة عن طريق الناس والعظم والحجر، وتهدي الأعمى، وتُسمِع الأصم والأبكم حتى يفقه، وتدل المستدِل على حاجة له قد علمت مكانها، وتسعى بشدة ساقيك إلى اللهفان المستغيث، وترفع بشدة ذراعيك مع الضعيف، كل ذلك

من أبواب الصدقة منك على نفسك)[١]. فما أوسع الميدان، وما أرحب المجال!

فالعاملة في ميدان العمل التطوعي، يجب أن تستشعر أنها إنما تبادر إلى ذلك العمل رغبةً في تزكيتها لنفســها، وصدقتها عليها، ولإنقاذها من العقوبة، وحينها ستكون مؤمنة أنه لا مكان للمنَّة أو التعالي على الفقير أو المحتاج، فالفضل لله تعالى أولاً، ثم للمحتاج الذي كان لها موضع تطوع[٢].

وإذا أردت أن تري أثر العمل الخيري على الإنسان اقرئي قول الله - تعالى -: ﴿مَنْ عَمِلَ صَالِحًا مِّن ذَكَرٍ أَوْ أُنثَى وَهُوَ مُؤْمِنٌ فَلَنُحْيِيَنَّهُ حَيَاةً طَيِّبَةً وَلَنَجْزِيَنَّهُمْ أَجْرَهُم بِأَحْسَنِ مَا كَانُوا يَعْمَلُونَ﴾ [النحل: ٩٧].

فالحياة الطيبة نعمة عظيمة من نعم الله تعالى، يَنْشُــدها كل أحد، ولكنها لا تتاح إلا لأصحاب المعروف؛ إذ بها تُنال السعادة التي يبحث عنها ويتطلع لها جميع الناس، ولا يجدها - في الدنيا والآخرة - إلا من يستحقها، وقد صح عن النبي صلى لله عليه وسلم قوله: «صنائع المعروف تقي مصارع السـوء، والآفات والهلكات، وأهل المعروف في الدنيا هم أهل المعروف في الآخرة»[٣]. وتأملي قول النبي #: «مَنْ نَفَّس عن مؤمن كربة من كُرَب الدنيا، نفس الله عنه كربة من كُرَب الآخرة، ومَنْ يسَّر على معسر، يسَّر الله عليه في الدنيا والآخرة، ومَنْ ستر مسلماً، ستره الله في الدنيا والآخرة، والله في عون العبد ما كان العبد في عون أخيه»[٤].

---

(١) أخرجه: الإمام أحمد رقم (٢١٤٨٤)، وصححه الأرنؤوط.

(٢) قال بعض السلف: (والله إني لأرى الفقير صاحب منَّة علي، ولولا أن الله جعله يقبل صدقتي، لحُرمت الأجر والثواب من الله تعالى) موسوعة الآداب الإسلامية، تأليف عبد العزيز ندا، (٢/٤٩٠)، ولهذا كان زين العابدين علي بن الحسين بن علي بن أبي طالب - رضي الله عنهم أجمعين -: (إذا ناول السائل الصدقة قبَّلة، ثم ناوله) الزهد للإمام أحمد (ص ١٦٦).

(٣) أخرجه: الحاكم، وصححه الألباني في صحيح الجامع (٣٦٨٩).

(٤) أخرجه: مسلم رقم (٢٦٩٩).

والمجتمع مستفيد أيضاً

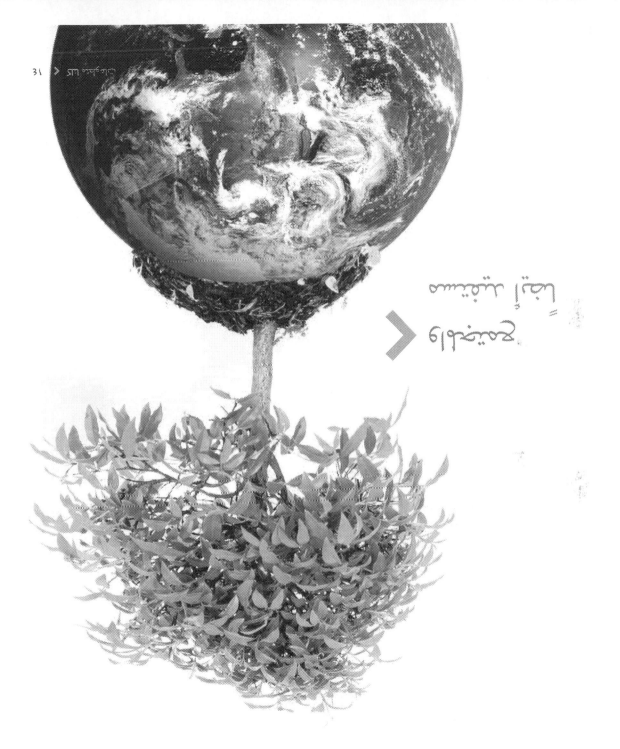

إن انتشار التطوع تأكيد لترابط المجتمع وتلاحمه، وهو سبيل الاستقرار الاجتماعي، وتحقيق التراحم والتكاتف... إنه أرض خصبة تُنبت أنبل المشاعر الإنسانية، وأرقى المعاني الأخوية.

وحينما تسود الأثرة ويَكثُر الجفاء والتقاطع في المجتمع؛ فإن العلائق الاجتماعية سوف تتمزق، وستصبح كل أسرة في معزل عن بقية المجتمع.

أرأيتم مجتمعاً صحياً يُرى فيه الفقير فلا يُلتفت إليه؟

أرأيتم مجتمعاً واعياً يُرى فيه الأذى يُعرض في طريق الناس فلا يزيله أحد؟

أرأيتم مجتمعاً صالحاً يُرى فيه المريض وقد هدّه الألم؛ لأنه لا يقوى على تكاليف العلاج؟

قال رسول الله ﷺ: «ما آمن بي مَنْ بات شبعان، وجاره جائعٌ بجنبه وهو يعلم به»[1].

ومن الأحاديث النبوية التي تؤكد الأثر المتعدي لعمل البر: قول النبي ﷺ: «ابغوني ضعفاءكم، فإنما ترزقون وتنصرون بضعفائكم»[2].

إن التطوع هو القطاع التنموي الثالث المتمم للقطاعين الحكومي والخاص، وهو الركيزة الأساس والركن الحقيقي في تطوير المجتمع وتَقدُّمه الحضاري ومواكبته لمتطلبات الحياة. وفوائده في المجتمع كثيرة، ولعل من أهمها:

١. أنه ميدانٌ فسيح من ميادين التنمية ونهضة المجتمع.
٢. أنه يُحيي الوعي، ويُنمّي العلم والفكر والثقافة.
٣. أنه يهذب السلوك، ويسمو بالأخلاق، وينشر القيم الاجتماعية الفاضلة.
٤. أنه محضن لتوظيف الطاقات ورعايتها، وحمايتها من العبثية، والسمو بها عن الاهتمامات الرخيصة التي أنهكت فتيان الأمة وفتياتها.
٥. أنه منطلَق لعلاج البطالة واستثمار أوقات الفراغ في عمل بنّاء يُحيي المجتمع، وينهض بمقدراته.
٦. أنه استثمار لخبرات وتجارب عدد كبير من المتقاعدين والمتقاعدات، للاستفادة منها وتوظيفها في عمل تطوعي أكثر نضجاً وعمقاً.

---

(١) أخرجه: الطبراني في الكبير، وصححه الألباني في السلسلة الصحيحة رقم (١٤٩).

(٢) أخرجه: أحمد في المسند رقم: (٢١٧٣١)، والترمذي رقم: (١٧٠٢)، وصححه الأرنؤوط في تحقيق المسند، والألباني في صحيح الترمذي (٢/٢٥٦).

العمل في ميدان العمل الخيري كَسْرٌ لحِدة النُّفس، وقضاء على قسوة القلب، ينمّي في نفس الإنسان الرحمة والشفقة، ويربيه على التواضع ولين الجانب.. ويُحيي فيه معاني الإيجابية والعطاء.

تأملي الأثرة التي تملأ القلوب المريضة!
تأملي الاستعلاء الذي يسيطر على النفوس المتكبرة!
تأملي تلك القسوة التي تغشى القلوب القاسية؛ سعى تجعلها لا تتحرك لمواساة أرملة أو معاونة مسكين، ولا تنبض لحل مشكلة يتيم أو إنقاذ منكوب...!

وعلى عكس ذلك القلوب المؤمنة الصادقة في تعاطيها مع الضعفاء والمعوزين، إنها تربية النبي # التي تسمو بالقلب، وتهذب المشاعر الإنسانية؛ فقد شكا رجل إلى الرسول # قسوة قلبه، فقال: «إن أردت أن يلين قلبك فأطعم المسكين، وامسح على رأس اليتيم»[1].

إن العمل التطوعي دليل على رقة القلب وصفاء النفس وسُموّ الخُلُق، وتتجلّى المروءة والشهامة ونبل الطبائع في أبهى صورها عند المتطوعة التي تُقْبِل بنفسها ومالها ووقتها لنشر الابتسامة في المجتمع، وتخفيف معاناة الإنسان، وترسيخ معاني الأخوة والمحبة، لا تبتغي بذلك إلا وجه الله عز وجل، وصدق النبي # إذ يقول: (خير الناس أنفعهم للناس)[2]، وفي رواية أخرى: (أحب الناس إلى الله تعالى أنفعهم للناس، وأحب الأعمال إلى الله - عز وجل - سرور يدخله على مسلم، أو يكشف عنه كربة، أو يقضي عنه ديناً، أو تطرد عنه جوعاً، ولأن أمشي مع أخٍ في حاجة أحبّ إلى من أن أعتكف في هذا المسجد - يعني: مسجد المدينة - شهراً...)[3].

ما أجمل أن يعيش الإنسان وهو يحمل همّاً كبيراً، وهدفاً سامياً!

وما أصغر الإنسان الذي تأكله الأثرة والأنانية، ولا يعرف إلا نفسه!

إن التطوع يملأ حياة الإنسان حلاوة ولذة لا يشعر بها إلا من أدرك نعيمها، وهل هناك ألذُّ من أن تمسحي على رأس يتيمة، أو تزرعي الأمل في نفسه أرملة أو مريضة، أو تعيدي الابتسامة إلى وجه طفل بائس؟

ولم أر كالمعروف أمّا مذاقه   فحلوٌ وأما وجهه فجميل

التطوع يصقل الشخصية ويبني الإنسان المتوازن المنفتح، وينمّي فيه الشعور بالمسؤولية، ويهذب سلوكه، ويُكسبه قدرات اجتماعية وثقافية لا تخطر له على بال.

إن وجود المؤسسات التي تستقطب المتطوعين والمتطوعات وتوظف طاقاتهم يُولِّد آثاراً تربوية كبيرة في العاجل والآجل، فإذا أردنا أن نحفظ الشباب من جحيم المخدرات وعبث الأهواء ومخاطر الفراغ؛ فإن في العمل الخيري تحقيقاً لذلك بدرجة كبيرة. وإذا أردنا أن ننقذ الفتيات من التسكع في الأسواق ومن القيل والقال؛ فإن في العمل الخيري تحقيقاً لذلك بدرجة كبيرة، وإذا أردنا أن نرتقي بالذوق العام في المجتمع؛ فإن العمل الخيري يثمر ذلك بدرجة كبيرة... وهكذا في كل الميادين والاحتياجات.

---

(١) أخرجه: أحمد رقم (٧٥٧٦)، وضعّف إسناده الأرنؤوط، لكن ذكره الألباني في السلسلة الصحيحة رقم (٨٥٤).

(٢) أخرجه: القضاعي، وحسّنه الألباني في صحيح الجامع رقم (٣٢٨٤).

(٣) أخرجه: الطبراني في معجم الكبير وحسنه الألباني في السلسلة الصحيحة رقم (٩٠٦).

وقفة تربوية

حدثتني إحدى الأخوات عن تجربة لطيفة لأسرتها فقالت:

كانت كل أسرتي في مكة لأداء العمرة في رمضان ١٤٢٩ هـ وسكنّا في فندق بجوار حملة كبيرة لإحدى الدول العربية، وقد حرص الوالد على إحضار تمور بكميات كبيرة لتوزيعها وقت الإفطار. كان هو بذرة هذا العمل الطيب الذي نرجو من الله أن يتقبله. كان يحضر بعد صلاة الظهر من المسجد، ثم يجلس هو والوالدة لتوزيعها بأكياس صغيرة، كانت همتهما العالية هي المحفِّز لنا، وبعض فتيان وفتيات الأسرة بدأ بالمشاركة خجلاً ومجاملة، حتى الأطفال كان لهم نصيب، فكانوا يتنافسون في عدد الوجبات التي يُعِدُّها كل واحد منهم يومياً.

ولأن الخير يجرّ بعضه بعضاً، فقد تطورت الفكرة، وبدأنا بإضافة بعض أنواع الأطعمة اليسيرة كعلب اللبن والأجبان والخبز ونحوها، وقد تكفل أحد الأخوة بالتسوُّق كل يوم بعد الظهر، وبقيَّة الشباب والفتيات تكفَّلوا بتوزيعها قُبَيل المغرب. في اليوم الأول كانوا يتهربون، ولكنهم في اليوم التالي كانوا يتسابقون.

وازداد تفاعلهم مع الأيام، فقد ذاقوا لذة العطاء وإن كان يسيراً، ورأوا الدعوات الطيبة من كبار السن، وشعروا بقيمتهم وما يفعلونه، وبَنوا علاقات طيبة مع هؤلاء الشيوخ والعجائز، وصاروا هم فاكهة الحديث بمواقفهم الطريفة ولهجاتهم الغريبة، والجميل أن أحد الشباب اقترح أن يطلب الوالد مصاحف من (مكتب الدعوة) لتوزيعها عليهم، واقترحت إحدى الفتيات توزيع بعض الكتيبات والأشرطة، وكانت أفكاراً مفيدة، ظهرت آثارها السّارّة على وجوه الرجال والنساء.

وفي مساء اليوم الحادي والعشرين من رمضان خيّم الحزن عليهم عندما انتهت إقامة هذه الحملة في الفندق وحزموا أمتعتهم للعودة

إلى بلادهم..

يومها لمحت الدموع في عينيَ شقيقي، وهو يلوح لهم قبل رحيل الحافلة، وكان منظر تلك العجوز وهي تلوح من نافذتها بقوة وهي تبكي وتناديهم بأسمائهم واحداً واحداً، وتَعِدُهم بالحضور العام القادم..

لم يكن شيئاً عادياً أن ترَى شاباً أو شابّة في هذه السّن يصل إلى هذه المرحلة العالية من التفاعل والحرص، وأنت تعلمين ما اهتماماته طوال العام، والتي لا تتجاوز متابعة ناديه المفضّل أو الترفيه والتسوُّق الكمالي، ومتابعة آخر ما نزل في الأسواق من أزياء بالنسبة للفتيات.

كانت أياماً جميلة، لن ننساها، وذكرى طيبة تركت أعظم الأثر في النفوس، ووهبتنا جميعاً شعوراً إنسانياً راقياً.

كانت مواقف تربوية عالية، وفوائد جمّة لم يكونوا ليحصلوا عليها في سنوات طويلة، لكنها اخُتزِلت في هذه الأيام العالية الروحانية بديعة الجمال.

لقد أعطوا القليل القليل، لكنهم أخذوا الكثير، ولازال أثر هذه الرحلة المباركة ملموساً في سلوكهم بعد ما يقارب العام.

من قيم العمل التطوعي

١. الإخلاص
٢. الالتزام
٣. التواضع
٤. التراحم
٥. الأمانة
٦. الإتقان
٧. الاستمرار
٨. التحفيز

من قيم العمل التطوعي

قيم العمل التطوعي هي أخلاق المسلمة بشمولها وكمالها،
لكن يَحسُن في هذا المقام التأكيد على أكثر القيم صلة
بالعمل التطوعي:

أولاً: الإخلاص:

التطوع ليس ترفا شخصياً، ولا وجاهة اجتماعية، كما أنه ليس زينة يتزين بها بعض الناس؛ إنه ديانة يتقرب بها الإنسان لمرضاة ربه، إنه إيمان عمليٌ بالرسالة السامية التي يحيا المسلم من أجلها، ولهذا لا بد أن يكون الإخلاص هو أساسه ومنطلقه.

فالتطوع ليس تسابقاً نحو الأضواء، وليس تطلُّعاً لحمد الناس واستجداء شكرهم؛ إنه عبادة جليلة تحتاج إلى إخلاص يُجرِّد الإنسان فيها قلبه من الأهواء والتطلعات المادية أو الاجتماعية، إنه تمثُّل لقول الله - تعالى -: ﴿وَيُطْعِمُونَ الطَّعَامَ عَلَى حُبِّهِ مِسْكِينًا وَيَتِيمًا وَأَسِيرًا صلى الله عليه وسلم!٨!صلى الله عليه وسلم) إِنَّمَا نُطْعِمُكُمْ لِوَجْهِ اللَّهِ لا نُرِيدُ مِنكُمْ جَزَاءً وَلا شُكُورًا﴾ [الإنسان: ٨ - ٩].

وقوله - جلَّ شأنه -: ﴿وَمَا تُنفِقُونَ إِلاَّ ابْتِغَاءَ وَجْهِ اللَّهِ وَمَا تُنفِقُوا مِنْ خَيْرٍ يُوَفَّ إِلَيْكُمْ وَأَنتُمْ لا تُظْلَمُونَ﴾ [البقرة: ٢٧٢].

إن الإخلاص تجارة مع الله تعالى، وفيرة الأرباح، مأمونة الخسائر.

ثانياً: الالتزام:

ويعني: صياغة العمل التطوعي بكل تفاصيله انطلاقاً من الالتزام بهدي الكتاب المبين والسُّنة المشرَّفة.

وإذا تقرر أن العمل التطوعي عبادة تتقرب بها المتطوعة إلى ربها - عز وجل - فلا بد أن تحرص فيه على تتبُّع مرضاة الله، والسير على الصراط المستقيم الذي ارتضاه الله – عز وجل - قال الله - تعالى -: ﴿وَالَّذِينَ يُمَسِّكُونَ بِالْكِتَابِ وَأَقَامُوا الصَّلَاةَ إِنَّا لَا نُضِيعُ أَجْرَ الْمُصْلِحِينَ﴾ [الأعراف: ١٧٠] فالملتزمون بالكتاب هم المصلحون حقاً، والله - عز وجل - طيب لا يقبل إلا طيباً.

أُقدر كثيراً من المتطوعين والمتطوعات، وأُكْبِر فيهم إقبالهم وحرصهم على فعل الخير، لكن أتألَّم أشد الألم عندما أرى بعض الأعمال التطوعية وقد ضعف فيها هذا الالتزام، وظهرت فيها بعض المخالفات الشرعية، كالاختلاط أو عدم الحرص على الحجاب أو استخدام الأغاني للترفيه عن الأيتام والمرضى، ونحو ذلك.

ثالثاً: التواضع ولين الجانب:

التواضع ولين الجانب من القيم المهمَّة التي ينبغي أن تتزين بها المتطوعة، فخِدْمَتُها للفقير والمحتاج توجب عليها الحرص على حفظ كرامته، ومراعاة مشاعره، وتعزيز شخصيته، ولا ينبغي أبداً التعالي في التعامل معه، أو المنَّة عليه، أو تحقيره، أو إشعاره بالدُّونية.

ما أجمل أن يتحول العمل التطوعي إلى ألفة ومحبة بين المتطوعة وغيرها من الناس!

قال حاتم الطائي:

أُضاحك ضيفي قَبْلَ إنزال رحله ... فيُخْصِبُ عندي والمكان جديب

وما الخصب للأضياف أن يَكْثُر القِرى ... ولكنَّما وجه الكريم خصيب

رابعاً: إشاعة التراحم:

إشاعة التراحم والألفة في المجتمع مِنْ القيم المهمة التي ينبغي أن يتوجه لها العمل الخيري، تحقيقاً لقول النبيصلى الله عليه وسلم: «ترى المؤمنين في تراحمهم وتوادِّهم وتعاطفهم، كمثل الجسد؛ إذا اشتكى منه عضو، تداعى له سائر جسده بالسهر

والحُمَّى»[١].

ومن عظمة هذا الدين أن الرحمة صفة مطلوبة حتى مع الحيوان فكيف بالإنسان؟ فعن أبي هريرة - رضي الله عنه - عن النبي صلى الله عليه وسلم قال: «بينما كلب يُطيف بِرَكِيَّة[٢] كاد يقتله العطش، إذ رأته بغي من بغايا بني إسرائيل فنزعت مُوْقها، فسقته، فغُفر لها به»[٣].

ومن اللطائف الجميلة أن رجلاً قال: يا رسول الله، إني لأذبح الشاة وأنا أرحمها، أو قال: إني لأرحم الشاة أن أذبحها، فقال صلى الله عليه وسلم: (والشاة إن رحمتها رحمك الله، والشاة إن رحمتها رحمك الله)[٤].

والرحمة إذا سادت في المجتمع أثمرت محبة وأخوة وترابطاً، وأصبح الناس في تكاتف وتعاون، ولم يُر أثر للفقر والمسكنة، ولا للتنازع والتدابر.

خامساً: الأمانة والشفافية:

الأمانة تقتضي حفظ أموال المسلمين ورعايتها حق الرعاية، وصرفها في أوجهها الشرعية.

والحرص على نقاء العمل الخيري وشفافيته من أهم المطالب التي ينبغي أن يحرص عليها القائمون على العمل التطوعي، والأمانة كما أنها مُحقِّقة لبراءة الذِّمة عند الله تعالى؛ فإنها تبني المصداقية للعمل التطوعي، وتقطع السبيل على المغرضين وأهل الأهواء، ممن يبحثون عن العثرات والزلات.

ومن مقتضيات الأمانة:

١- حفظ أسرار وخصوصيات الفقراء والمحتاجين.

٢- حسن التدبير لأموال المسلمين، ووضعها في أمثل المواضع الخيرية، والبعد عن التبذير والإسراف.

٣- الضبط المالي والقانوني لجميع الأنشطة والمصروفات.

---

(١) أخرجه: البخاري رقم (٦٠١١)، ومسلم رقم (٢٥٨٦).

(٢) يعني: يدور حول بئر.

(٣) أخرجه: البخاري رقم (٣٤٦٧)، ومسلم رقم (٢٢٤٥).

(٤) أخرجه: أحمد رقم (١٥٥٩٢)، وصححه الأرنؤوط.

سادساً: الإتقان:

كون العمل تطوعياً لا يعني بحال التقصير في إحسان العمل وتجويده، ولا يعني بحال التهاون وعدم الانضباط، بل هو حافز لمزيد من الإتقان والجدية طلباً لزيادة الأجر، قال رسول الله صلى الله عليه وسلم: «إن الله يحب إذا عمل أحدكم عملاً أن يتقنه»[١].

وأرى أنه من المهم نشر ثقافة الجودة في العمل التطوعي، وأوصي أن يقوم بعض خبراء العمل الخيري أو أحد مراكز دراسات العمل الخيري بإعداد دليل شامل لمعايير الجودة في مختلف المجالات، وهذا بلا شك سيرتقي بالعمل التطوعي وسيرفع من كفاءة المتطوعات.

سابعاً: الاستمرار:

من المهم الحرص على الاستمرار في العمل، فذلك أعظم بركة، وأقوى ثمرة. ومشكلة كثير من المتطوعات قِصَرُ النَّفَس مما يؤدي إلى الانقطاع وعدم الاستمرار.

العمل التطوعي ينبغي أن يتحول إلى سلوك دائم، ولهذا ينبغي التاكيد على أنه ليس مجرد عاطفة عابرة، وليس نزهة أو هواية، أو تسلية لقضاء وقت الفراغ؛ بل هو رسالة سامية تتطلب جدية، واستمراراً.

وقد صحَّ عن النبي صلى الله عليه وسلم قوله: «أحب العمل إلى الله أدومه وإن قل»[٢].

ثامناً: التحفيز:

العمل التطوعي لا ينبغي أن يكون سلوكاً نخبوياً لقلة قليلة من أبناء المجتمع، بل ينبغي أن يكون ثقافة أمة، وممارسة لجميع طبقات المجتمع، فكلنا في حاجة ماسة لذلك، والتحدي الذي يواجه رواد العمل الخيري هو في غرس ثقافة

(١) صححه الألباني في السلسلة الصحيحة رقم (١١١٣).

(٢) أخرجه: مسلم رقم (٢٨١٨).

التطوع، وتحفيز الناس عليه، وإيجاد المؤسسات والمشاريع التي تستقطب المتطوعين والمتطوعات، وتوفر البيئة المناسبة لهم، وتوظف إمكاناتهم في خدمة المجتمع.

فعلى المتطوعة بالخير أن تفتح لأخواتها - من سائر الشرائح - أبواب الخير والنفع، وأن تُيسِّر لهنَّ دخول هذا المضمار، وأن تَقْبَل منهن القليل، وتشجعهن عليه؛ ليزداد فعل الخير لديهن.

مقومات العمل التطوعي

١. حسن التخطيط
٢. التخصص
٣. العمل المؤسسي
٤. وضوح الأهداف
٥. التدريب
٦. الحرص على البناء الإداري المحكم
٧. التجدد والإبداع
٨. العناية بالكيف

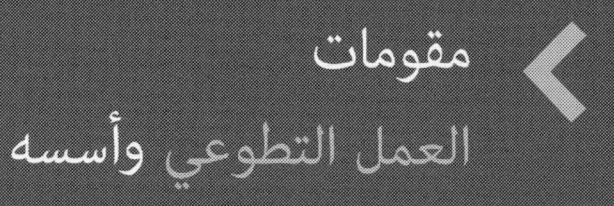

مقومات
العمل التطوعي وأسسه

لست مع الذين يصطنعون العقبات ويتكلفون التنظير، ويطالبون المتطوعة بسلسلة طويلة من التعليمات قبل أن تبدأ في خطواتها الأولى؛ لأن محصلة ذلك في الغالب التردد والخوف من العمل. والذي أراه أننا في حاجة ملحّة لتوظيف كل الطاقات (صغيرها وكبيرها) للعمل التطوعي، فمن المهم أن نستنهض جميع الأخوات للعمل، ونستحثهن للعطاء والإنجاز، ونشعرهن جميعاً بالواجب الشرعي الذي أوجبه الله علينا. ونقول لهن جميعاً: أنتنّ قادرات على أن تُقدمْن شيئاً كثيراً بإذن الله، والمهم أن نطرد الكسل والاتكالية والتردد.

وكثير من الأعمال التطوعية التنفيذية لا تتطلب مهارات خاصة؛ فبقليل من الحرص وكثير من الإخلاص يستطيع المرء أن ينجز إنجازات كثيرة ومتعددة.

وهاهنا أقول بكل وضوح: ربّما نخطئ ونقصّر في بداية العمل، وهذا أمر طبيعي ومتوقع في كل عمل؛ فكل بني آدم خطاء، ولا ينبغي أن نقعد ونترك العمل مخافة الزلل، بل نتوكل على الله ونستعين به، ثم ننطلق بجد وعزيمة. ومع ذلك من المهم أن نجتهد في فعل الأسباب، ونبني العمل التطوعي بناءً محكماً بعيداً عن العفوية والارتجال، ولهذا سأذكر في هذا المبحث بعض المقومات والأسس التي لا غنى عنها، ومن أهمها:

أولاً: حسن التخطيط:

التخطيط: هو وضع برنامج مستقبليٍّ؛ لتحقيق أهداف معيَّنة عن طريق حصر الإمكانات وتوظيفها، لوضع هذه الأهداف موضع التنفيذ خلال مدة محددة [1].

وفائدة التخطيط أن المتطوع يعمل على بصيرة وينطلق بفهم، فيعرف ماذا يريد؟ وإلى أين يسير؟ وما الوسائل التي سيستخدمها؟

إن التخطيط انطلاق بالعمل التطوعي برؤية علمية واعية. وعكسه: الارتجال والعشوائية، اللذان ينتجان برامج هزيلة في ثمراتها، بعيدة عن تحقيق الأهداف، وقد يعرِّض الارتجال العمل للمشكلات والتأخُّر، وربما التوقف.

وقد لاحظت أن كثيراً من المتطوعات تضيق صدروهن بالتخطيط، وربما اعتبره بعضهن من التكلف والتنطع، وهذا غير صحيح على الإطلاق؛ فالنوايا الحسنة وحدها لا تكفي، بل لا بد من فعل الأسباب، فالتخطيط يرسم المسار الصحيح للعمل الناجح، ويُعيْن كثيراً في تحقيق الأهداف، والله – عز وجل – أمرنا بفعل الأسباب، واستفراغ الوسع لإنجاح العمل، وقد تقدم قول النبي صلى الله عليه وسلم: «إن الله يحب إذا عمل أحدكم عملاً أن يتقنه».

وقد اشتملت سيرة النبي صلى الله عليه وسلم على كثير من الترتيب والتخطيط بالأدوات والوسائل المعروفة لديهم آنذاك، فعلى المتأسيات بنبيهن - عليه الصلاة والسلام - الاقتداء به في ذلك، مع الأخذ بالوسائل الحديثة في التخطيط والإدارة، التي توفر الوقت، وتستثمر الطاقات، وتُعين على إتقان العمل.

و لا شك أن هذا من تمام متابعة النبي صلى الله عليه وسلم التي هي شرط قبول العمل. بل إن العمل إذا لم يكن ضبطه وحفظ أمواله واستثمار موارده البشرية إلا بالتخطيط، كان التخطيط واجباً؛ يُخشى من الإثم بتركه.

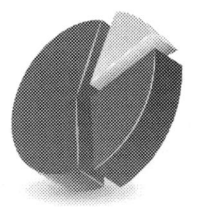

(١) أصول علم الإدارة، سامي زين العابدين حماد (ص ٥١١).

ثانياً: وضوح الأهداف:

الأهداف العامة مفيدة، لكن لا تكفي وحدها لإنجاح العمل وتحقيق المقصود؛ ولهذا لا بد من وجود أهداف أكثر تحديداً. وذلك من مقتضيات التخطيط السليم، وهو أمر مُعين على استقامة السبيل الذي يتحرك فيه العمل التطوعي، ولتحقيق ذلك ينبغي مراعاة ما يلي:

١- دقة الأهداف:

يجب أن يكون الهدف المراد تحقيقه دقيقاً ومحدداً، وقابلاً للقياس. وعدم الدقة في تحديد الأهداف ربما يميل بالعمل التطوعي عن مساره المرسوم له أصلاً والذي أُعد العمل من أجله.

٢- واقعية الأهداف:

والواقعية تعني: بناء الأهداف من خلال الإمكانات المادية والقدرات البشرية المتاحة، وهذا يجعلها أهدافاً منطقية قابلة للتحقيق بإذن الله.

والطموح الجاد لا يتنافى مع الواقعية، بل يبنيها ويرشدها، أما الطموح غير المنطقي؛ فهو الذي يجعل الإنسان يتكلف ما لا يُحسن، ويعمل ما لا يتقن، ونتيجة ذلك يكون (الإحباط والتراجع).

٣- الوضوح الجماعي:

في بعض الأحيان يكون الهدف واضحاً لمديرة الفريق التطوعي أو للإدارة العليا فيه، لكن القائمات على التنفيذ ربما تتباين أفهامهن للهدف، وربما تكون لهن أهداف مختلفة، مما يؤدي إلى الاضطراب وضعف النتائج، فلا بد من مناقشة جماعية للأهداف حتى يقتنع بها فريق العمل.

٤- تحديد الأولويات:

متطلبات العمل الخيري متعددة، والفرص المتاحة كثيرة، ومن المهم تحديد الأولويات، والبدء بأكثر الأعمال والأنشطة حاجة. والقصور في ذلك قد يؤدي إلى التركيز على بعض الأعمال والبرامج الجزئية على حساب الأعمال والبرامج الكلية، وفي ذلك من هدر الطاقات وتضييع الفرص ما لا يخفى على أحد.

ثالثاً: التخصص:

بعض المؤسسات التطوعية ربما تقحم نفسها في جميع البرامج التطوعية دون تمييز، ويزداد الأمر وضوحاً عند بعض المتطوعات؛ حيث نرى بعضهن ينطلقن في كل ميدان، ويعملن في جميع الأعمال!

ولا شك في أن الإيجابية والفاعلية مطلوبة، لكنَّ ميادين التطوع واسعة، وحاجات المجتمع كثيرة، والمشاركة في كل ميدان تؤدي - غالباً - إلى التشتت والعجز وضعف الثمرة وضياع المجهود. فإن كان ولابد، فلا بأس أن تجمع المؤسسة أو المتطوعة الأعمال المتقاربة في صفتها وطبيعتها، ليكون ذلك أدعى لحسن الإنتاج.

من المهم ألا تفهم المتطوعة أن المقصود بالتخصص هو التحجير عليها والحد من انطلاقتها، بل هو سبيل للإبداع والتركيز، سواء أكان ذلك على المستوى الفردي أو المؤسَّسي.

رابعاً: العمل المؤسسي:

العمل المؤسسي: هو العمل الذي تنتظم أعماله وبرامجه ضمن فريق جماعي يعمل تحت مظلّة إدارية مشتركة، توزَّع فيه الأدوار، وتُقسَّم المهام بشكل واضح، ويُتخذ القرار بالشورى بعد النظر والدراسة، بشكل يمكّن من استمرارية العمل ولو غاب بعض أفراده.

وعكسه: العمل الفردي، ولو كان يعمل فيه جماعة، دون توزيع الأدوار، وتقسيم الصلاحيات والمهام.

ولا شك أن العمل المؤسسي أوسع تأثيراً، وله فوائد كثيرة، على رأسها:

١ تحقيق أواصر التعاون والتكامل في الفريق، فكل متطوعة تُتَمِّم عمل العضوات الأخريات، وتشدُّ من أزرهنّ.

٢ تحقيق الاستمرارية، فالعمل المؤسسي لا يتوقف بتوقف المتطوعات أو انشغالهن.

٣ نضج الأفكار والأعمال، فالرأي الجماعي الشوري يحقق من المصالح ما لا يحققه الرأي الفردي.

نعم: كثير من الأعمال الخيرية يمكن أن يقوم بها الإنسان بمفرده، ولكن العمل في بيئة جماعية ضمن فريق مؤسسي متآلف له أثر كبير في قوة العمل واستقامته على الطريق، قال رسول الله صلى الله عليه وسلم: «إن الله يُدخل الثلاثة بالسهم الواحد الجنة: صانعه يحتسب في صنعته الخير، والمُمِدُّ به، والرامي به»[1].

والحث على العمل المؤسسي لا يعني بحال إلغاء العمل الفردي تماماً، فهو يناسب من لا يسمح لها وقتها بالخروج من المنزل أو الالتزام مع مؤسسة معينة، بل أرى أن كل واحدة منّا في حاجة ماسة أن يكون لها عمل خيري خاص بها، يكون بينها وبين الله عز وجل؛ لا يعلم به أحد من الناس؛ كرعاية يتيم أو السعي على أرملة أو مسكين، وأحسب أن ذلك داخل في قول النبي صلى الله عليه وسلم: «ورجل تصدق بصدقة فأخفاها حتى لا تعلم شماله ما تنفق يمينه»[2].

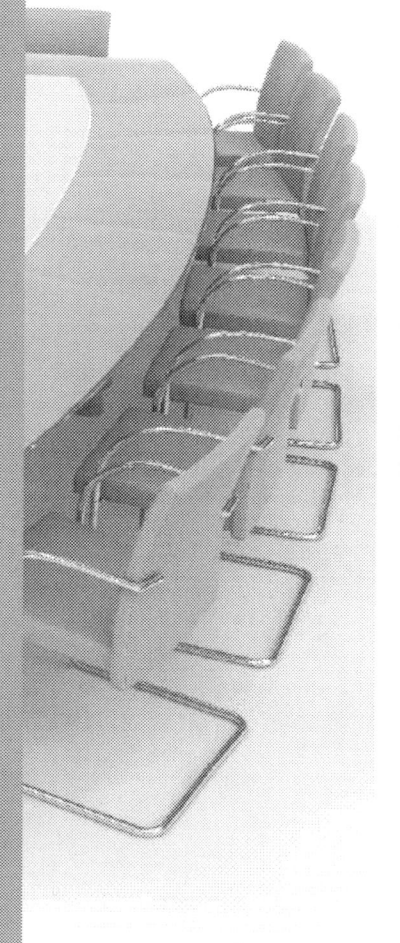

(١) أخرجه: أحمد رقم (١٧٣٠٠) وحسنه الأرنؤوط بمجموع طرقه وشواهده.
(٢) أخرجه: البخاري رقم (١٤٢٣)، ومسلم رقم (١٠٣١).

خامساً: الحرص على البناء الإداري المحكم:

فإذا تبين لنا أهمية العمل المؤسسي؛ فإن من أهم أسس ذلك أن تُبنى المؤسسة - مهما كانت صغيرة - بناءً إدارياً محكماً، والإدارة الناجحة تهدف إلى تحديث المؤسسة وتطويرها، وضبط العمل وإتقانه، ومتابعة التنفيذ ومراقبته، وتوفير قواعد النجاح، ومعالجة المشكلات والعقبات التي قد تواجهه.

ومن المفيد التأكيد على أن الإدارة ليست لوائح إدارية جامدة تُحوِّل المتطوعات إلى تروس آلية، وإنما هي بيئة فاعلة ومنتجة تحي الروح وتبني الثقة وتعزِّز حب التطوع، وتطور العاملات، وتعمل على علاج الأخطاء في حينها.

سادساً: التدريب:

الهدف من التدريب هو: رفع كفاءة المتطوعات، وصقل قدراتهن، وإكسابهن مهارات جديدة، لتحقيق أمثل قدر ممكن من الإنجاز.

والتدريب الفعال هو التدريب الذي يُبنى وفق خطَّة متكاملة تستوعب احتياجات المتطوعات في العمل الميداني، ولا يغرق في أبعاد نظرية وأكاديمية ليس لها صلة بالواقع.

التدريب ليس ترفاً، بل هو وسيلة فعالة للرقي ببرامج التطوع، وتأهيل المتطوعات؛ فكثير منهن قد تملك حماسة فائقة في العمل التطوعي، لكن لا يقتضي ذلك بالضرورة أنها تملك القدرة على تحقيق الأهداف. والتدريب وسيلة فاعلة لتحقيق التكامل بين القدرة والإرادة.

والمتطوعة الجادة دائمة الحرص على تعزيز خبراتها، ولا تأنف من الاستفادة من تجارب أخواتها، ولا تدخر وسعاً في البحث عن آفاق جديدة للتعلم وصقل القدرات العلمية والعملية.

سابعاً: التجديد والإبداع:

التجديد يُكسب العمل التطوعي حيوية وانطلاقة، ويدفعه نحو آفاقٍ سامية جذَّابة، كما أن الرَّتابة تؤدي إلى الركود والتراجع، وتجعل العمل التطوعي يذبل ويتآكل من داخله. ومشكلة كثير من البرامج التطوعية التكرار والتقليد، ونقص اللمسات الإبداعية التي تشد الانتباه، وتُضعف التفاعل. ويكون التجديد في جانبين:

أحدهما: تطوير آليات العمل، والإبداع في طريقة الأداء والعرض.

الثاني: الاتجاه إلى ميادين جديدة من العمل التطوعي، لم تعتنِ بها المؤسسات الأخرى.

ومن الأمثلة اللطيفة التي تُناسب هذا السياق أن (فريق النجاح) أراد أن يقدِّم هدايا المعايدة لمرضى مركز الملك فهد لأورام الأطفال فاتفقنا مع إحدى المدارس الأهلية للبنات أن تُحْضِر كل طالبة هدية واحدة فقط، ثم تقوم بتغليفها وكتابة بطاقات المعايدة بأسماء الطالبات في حصة النشاط المدرسي، فحصلنا على أعمال في غاية الجمال والإبداع دون تكلفة مادية تُذْكَر، ثم لمسنا الأثر التربوي العملي على الفتيات وهنّ يواسين الأطفال المرضى، ويرسُمْنَ ملامح الفرح على وجوههم الذابلة الحزينة. وسأعرض في آخر هذا الكتب نماذج من رسائل إحدى مدارس البنات للأطفال المصابين بالسرطان بمناسبة عيد الفطر.

وفي مدرسة أهلية أخرى تعودت طالبات المرحلة الثانوية إقامة حفل كبير لتَخَرُّجهنَّ من الصف الثالث، فزرنا المدرسة وعرضنا عليهن أن يتبرعن بجزء منه للأطفال المرضى، فتحمَّسن للفكرة وتم استقبالهنَّ من قِبَل مكتب العمل التطوعي في مركز الأورام، وعمِلْنَ جولة شاملة لمرافق المركز وتعرَّفن على الوضع الصحي والنَّفسي للأطفال، ثم تبرعْنَ بتغطية كامل المستشفى بأجهزة (البلاي ستيشن) المثبَّتة على كل سرير، وتكفلت إحدى الطالبات ووالدتها بشراء الأجهزة، وتم تركيبها من قبل الشركة في كافة غرف التنويم.

ثامناً: العناية بالكيف:

في بعض الأحيان نُغرق في الشكليات وننسى المضامين، فيكون همُّنا في العمل التطوعي كم عدد البرامج المقدَّمة، وكم عدد المستفيدات، وكم عدد الحاضرات... ونحو ذلك، وننسى أن الكيف معيار آخر مهم للنجاح، والعمل الناجح هو العمل الذي يوازن بين الكم والكيف، ويضع كلاً منهما في موضعه الصحيح.

أذكر أننا ذات يوم كنا نناقش مع بعض المتطوعات نوعية البرامج التي تُناسب دار الأيتام، وكان من بين الحاضرات واحدة منهن، وبعد أن اقترح الجميع ما يرونه من أنشطة، قالت اليتيمة بكل تلقائية: كل ما ذكرتموه لا يهمنا، يأتينا في الدار عدد كبير من الزائرات، وعدد كبير من طالبات الخدمة الاجتماعية، وعدد من الجمعيات، ويقدمون أنشطة كثيرة، لم يلفت انتباهي شيء من ذلك، بل كنت أستاء من بعضهن؛ لأننا أصبحنا في موضع الفرجة! فريق واحد أحسست به وأحببته، وكنت أفكر لماذا؟ هل بسبب نوع الهدايا الموزَّعة؟ أم بسبب طبيعة البرامج المقدمة؟ لكن بالتأكيد لم يكن شيء من هذه الأسباب، وإنما: لأنهم أشعروني بإنسانيتي، أشعروني بكرامتي وقيمتي، وأنني بشر لا أقِلُّ إنسانية عنهم، بل ربما أتفوق على بعضهم، ويكفي أنني أصبحت عضوة فاعلة أشارك في الملتقيات وأتعامل مع الناس.

مهارات التطوع

١. حسن التواصل والاتصال
٢. الصبر وسعة الصدر
٣. القدرة على حل المشكلات
٤. العمل بروح الفريق
٥. المرونة

مهارات التطوع

المهارات التي ينبغي أن تتقنها المتطوعة كثيرة، وتختلف بعض تفاصيلها على حسب نوع العمل التطوعي الذي تقوم به المتطوعة، فالمهارات التي يتطلبها العمل مع الأيتام واليتيمات تختلف عن المهارات التي يتطلبها العمل مع المعاقين والمعاقات، وتختلف عن المهارات التي يتطلبها العمل مع المسنِّين والمسنَّات، مع ملاحظة أن كثيراً من الأعمال التطوعية لا تتطلب مهارات خاصة. لذا فإن من المفيد أن أذكر مهارات عامّة تُناسب معظم أبواب التطوع.

أولاً: حسن التواصل الاتصال:

العمل التطوعي في تواصل مستمر مع الجمهور، وإنما تنجح المتطوعة في أداء رسالتها بقدر ماتمتلك من مهارات التواصل، وأهم مقومات ذلك: الكلمة الطيبة، والابتسامة وطلاقة الوجه، وحسن الاستماع والإصغاء، والتفاعل مع هموم الناس، قال ابن بطال - رحمه الله-: (طيب الكلام من جليل عمل البر)[1].

وعلى بساطة تلك المهارات – في الظاهر - فإن الأثر المترتب عليها كبير جداً، ومع ذلك فإن بعض المتطوعات قد تنسى أن الابتسامة هي مفتاح القلوب؛ فترينها أحياناً مقطَّبة الجبين، عابسة الوجه، أو تتكلم ببرودة أو لامبالاة مع الناس، وبهذا الأسلوب - بلا شك – نجد أنها وضعت بينها وبين الناس حائلاً وسداً منيعاً، وأضعفت ثمرة عملها، كما ذكرت تلك اليتيمة في القصة السابقة.

وما أجمل قول المتنبي:

لا خيل عندك تُهديها ولا مال فليُسعد النطق إن لم تُسعد الحال

ثانياً: الصبر وسعة الصدر:

قد يترتب على الاختلاط بالناس وخاصةً الفقراء والعجزة وأشباههم أذىً كثيراً، وذلك بسبب إلحاح بعضهم في طلب المساعدة، أو لأن بعضهم قد لا يُحسن التعامل مع الآخرين، إلى غير ذلك من الأسباب، وبالرجوع إلى السيرة العطرة نجد أن رجلاً من الناس قال للنبي # وهو سيد ولد آدم المسدَّد بالوحي: يا رسول الله، اعدل[2]! فكيف لغيره من الناس؟

ولهذا فإن المتطوعة لابد أن تصبر وتحتسب، وتتحلى بالحلم والعفو وكظم الغيظ، وتكون قادرة على استيعاب الأخطاء وامتصاص الأزمات.

ومن لم تكن قادرة على تفهُّم نفسية الفقير والمحتاج، بل وتغضب لخطئه وتحتد لإساءته، أو تتشنج في التعامل معه، فالأَولَى لها أن تمارس عملاً تطوعياً ليست له صلة بالجمهور.

---

(١) فتح الباري (٥٧١/١٣).

(٢) أخرجه: البخاري رقم (٣٦١٠).

ثالثاً: القدرة على حل المشكلات:

ميدان التطوع ميدانٌ حيويٌ متجدد، يهيئ المتطوعة للاختلاط بشرائح متعددة من المجتمع وتَعرِض لها في أثناء ذلك عقبات ومشكلات متعددة الأبعاد والأنواع، والمهارة في التعامل مع المشكلات العارضة وحلِّها قضية حيوية ومهمة ينبغي أن تتقنها المتطوعة، خاصة أن بعض المشكلات تتطلب تعاملاً مباشراً، وسرعة بديهة لتقديم الحلول الفورية، ويتأكد ذلك في القضايا التي لا يَحْسُن تأخيرها أو التغاضي عنها.

وبعض المتطوعات عندما تعرض لها مشكلة يسيرة تجدين أنها قد تؤدي إلى إحباطها وانصرافها عن عملها، وأخريات ربما يتعاملن مع المشكلات بتوتر وضيق أفق مما يؤدي إلى تضاعف المشكلة واتساعها.

إن حل المشكلات مهارة مهمة ينبغي أن تتدرب عليها المتطوعة وتتقن آلياتها، حتى تستطيع أن تتجاوز كثيراً من العقبات الطارئة.

رابعاً: العمل بروح الفريق:

بعض الأعمال التطوعية قد تتطلب تعاون مجموعة من المتطوعات لتحقيق التكامل، وهاهنا لا بد من الحرص على الشورى واتساع الصدر لجميع الآراء، ويتطلب ذلك أحياناً التنازل عن الرأي وعدم الإصرار عليه، وأن لا يستنكف الإنسان عن تغيير موقفه والقبول باجتهادات الآخرين، ويتأكد ذلك خصوصاً من إدارة الفريق التطوعي.

أما إذا أصرت كل متطوعة على رأيها، وهوّنت من آراء الأخريات، وألغت عقولهن واجتهاداتهن؛ فإن ذلك سيؤدي إلى الاختلاف والتنازع، وضعف الولاء للعمل.

وقد اعتبرت هذه المهارة من مهارات التطوع؛ لأن بعض المتطوعات لا تُحسن العمل الجماعي، وتستبد برأيها، وتعمل بعقلية الرأي الواحد، مما يؤدي إلى تشتت الجهود واختزال الطاقات.

أما التي تعمل بروح الفريق لا يهمها أن يكون موقعها في الصدارة أو خلف الأضواء، فمن كانت ترجو ما عند الله تعالى لا تلتفت لمثل هذه الشكليات، اهتداءً بقول النبي ﷺ: «إن كان في الحراسة كان في الحراسة، وإن كان في الساقة كان في الساقة»[1].

---

(١) أخرجه: البخاري رقم (٢٨٨٧).

خامساً: المرونة:

والمقصود بالمرونة: القدرة على التكيُّف مع الطبائع المختلفة، والتأقلم في البيئات المتباينة، ومخاطبة كل مجتمع باللغة التي يفهمها.

والمتطوعة في حاجة ماسة لهذه المهارة؛ لأنها تختلط بشرائح متنوعة، وتعايش مجموعات من الناس قد تكون غير متجانسة.

أمـا إذا فقدت المتطوعة القدرة على التكيف؛ فإنها ستعجز عن إيصال رسالتها، وستشعر أنها في واد آخر بَعيدٍ عن الناس.

ومـن مقتضيات المرونة: القدرة على تغيير بعض البرامج أو الوسائل التفصيلية، واستبدالها بما هو أنسب منها، إذا اقتضى الحال فعل ذلك.

ومن المهم الإشارة هنا إلى أن عدم وجود هذه المهارات عند المتطوعة بادئ الأمر ينبغي أن لا يعوقها عن الاستمرار، فالمهارات تأتي بالتدريج، وتكتسب بالممارسة والعمل الميداني، وتصقل بالتدريب والمتابعة، والموفقة من وفقها الله تعالى.

سادساً: العمل بصمت:

مصدر القوة الحقيقية للعمل التطوعي هو في مقدار الإنجاز والعمل، وليس في تصدره للأضواء وعدسات الإعلام.

والعمل بهدوء وصمت مهارة في غاية الأهمية، ينبغي أن تتحلى بها المتطوعة، وهو سر من أسرار التوفيق والبركة.

وكثيراً ما تذهب حلاوة العمل التطوعي بسبب التباهي به واستعراض المنجزات الشخصية، بل يخشى على المتطوعة من الرياء عند التزين بهذا العمل أمام الناس.

ويستثنى من ذلك ما كان المقصود من ذكره شحذ الهمم والتحفيز على العمل، كما يستثنى منه ما يتجاوز الجانب الشخصي إلى التعريف بالمؤسسة التطوعية بصفتها مؤسسة عامة؛ فالتعريف المتوازن بها لا بأس به لما في ذلك من تعزيز لأنشطتها وترسيخ لرسالتها.

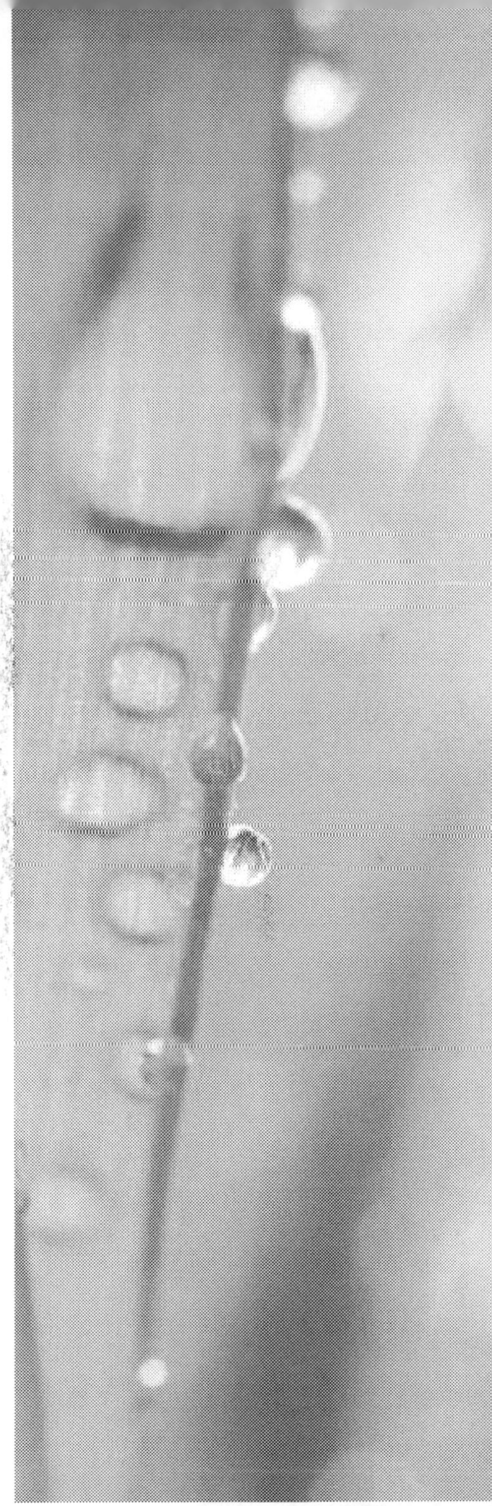

أنماط العمل الخيري

التطوع باب كبير من أبواب الخير، ففي كل سبيل من سبل المعروف ميدان من ميادين الأجر. وحاجات الناس كثيرة لا يدرك تفاصيلها إلا من تصدى لها واختلط بأهلها.

وأول ما يُذكر العمل التطوعي يتبادر إلى الذهن: مساعدة الفقراء والصدقة بالمال، وهذا صحيح بلا شك، لكن الواقع أن جميع طبقات المجتمع في حاجة إلى العمل التطوعي.

وآفاق العمل الخيري واسعة جداً، وأنواعه متعددة وكثيرة؛ فهو يشمل جميع أبواب البر دقيقها وجليلها.

وينبغي أن تتكامل مجالات العمل الخيري ويتمِّم بعضها بعضاً، أما تكرار الجهود، أو التركيز على نمط واحد، أو اختزال العمل التطوعي في العمل الاجتماعي فقط؛ فإن ذلك يحرم المجتمع من خير كثير.

وعلى أية حال لا ينبغي التهوين من أي عمل خيري، أو ازدراء أي باب من أبوابه، لكنه ينبغي أن يستوعب حاجات الناس ويتماشى مع تطورات حياتهم، ومتطلبات معايشهم، فمَنِ اطلع على حاجات الناس ومشكلاتهم، أدرك مدى القصور الكبير الذي يعاني منه المجتمع. وأذكر أن أحد المتطوعين كان يعمل في مؤسسة خيرية تجمع الملابس القديمة والأثاث المستعمل وتعيد تجهيزها لتكون صالحة للاستخدام، ثم توزعها على الفقراء، فعتب عليه أحد جيرانه اشتغاله بهذا العمل بحجة أنه استهانة بالإنسان، وقلل من شأن ذلك العمل وأثره، فلم يجبه المتطوع، بل طلب منه أن يرافقه أثناء توزيع الملابس والأثاث، فلما رأى حال الناس ورأى آيات الفقر والمسْغَبَة، ثم رأى الفرحة في وجوه الكبار والصغار بعد التوزيع، دمعت عينه وقَبَّل رأس أخيه إكباراً وتقديراً.

وبالجملة فإن درجة العمل التطوعي تتفاوت بما يلي:

١. يزداد فضل العمل بزيادة الأثر المتعدي المترتب عليه؛ فالعمل الذي يخدم مائة أولى من العمل الذي يخدم عشرة بالتأكيد، وإن كان الكل على خير.
٢. مقدار حاجة الناس لذلك العمل؛ فكلما زادت الحاجة زادت الأولوية.
٣. مدى استمرارية العمل؛ فالعمل القليل الدائم خير من العمل الكثير المنقطع، وقد مر معنا حديث النبي # في الحث على ذلك.
٤. مقدار التجديد في العمل؛ فإن ذلك من السُّنّة الحسنة المأمور بها، وقد صح عن النبي # قوله: «من سنَّ في الإسلام سُنَّة حسنة فله أجرها وأجر من عمل بها، من غير أن ينقص من أجورهم شيء»[1].

و ينبغي للمتطوعة أن تختار العمل التطوعي الذي يناسب شخصيتها واهتماماتها؛ فمن النساء من يُفتح لها في باب من أبواب البر، ولا يُفتح لها في باب آخر، فلا ينبغي لها أن تتكلف ما لا تستطيع أو ما لا تُحسِن، فمن فتح الله لها في تعليم القرآن فلتحمد الله على ذلك ولتُقبِل عليه، ومن فُتح لها في رعاية الأيتام فلتُقبِل عليه، ومن الأخوات من يُفتح لها في تربية الفتيات، ومنهن من يُفتح لها في دعوة الجاليات من غير المسلمات، ومنهن من يُفتح لها في السعي على الأرامل، ومنهن من يوفقها الله إلى عدد من أنواع البر وأصناف المعروف، وذلك فضل الله يؤتيه من يشاء[2]. ومهمة رواد ورائدات العمل التطوعي دِلالة المتطوعين والمتطوعات على أعمال البر والإشارة عليهم بما يناسب قدراتهم ومؤهلاتهم.

ومما يؤكد أهمية اختيار العمل التطوعي الذي يناسب شخصية المتطوعة أنني لاحظت أن بعض المتطوعات اللاتي شاركن مع الأطفال المصابين بالسرطان عادت إلى بيتها حزينة منقبضة الصدر، يقف هذا المرض بين عينيها في كل زوايا البيت. ولهذا ينبغي على المتطوعة التعاون مع أخواتها لاختيار العمل الذي يناسبها، ومن أجمل ثمرات العمل الذي يناسبها، ومن أجمل ثمرات العمل الخيري هو الخروج منه براحة وانشراح.

(١) أخرجه: مسلم رقم (١٠١٧).

(٢) قال خالد بن معدان - رحمه الله -: (إذا فُتح لأحدكم باب خير فليسْرع إليه، فإنه لا يدري متى يُغلق عنه) حلية الأولياء لأبي نعيم (٢١١/٥).

أسباب انقطاع المتطوعات

من أكبر المشكلات التي تعاني منها المؤسسات التطوعية؛ تسرُّب المتطوعات وانقطاعهن عن العمل، والأسباب التي تؤدي إلى انقطاع المتطوعة كثيرة، ويمكن تلخيصها بما يلي:

أولاً: أسباب من داخل المؤسسة:

١. ضعف القدرة على الاستقطاب وإقناع المتطوعات.
٢. الرتابة في البرامج، وضعف التجديد والإبداع، مما يؤدي إلى ملل المتطوعة وابتعادها.
٣. القصور في تقدير المتطوعة وتشجيعها والاحتفاء بعملها.
٤. إشغال المتطوعة ببعض الأعمال الإدارية التي ليس لها علاقة مباشرة بالتطوع، فلا تُحس بثمرة خيرية مباشرة لعملها.
٥. إثقال المتطوعة بسلسلة من التحفُّظات التنظيمية التي تنفِّر ولا تحفِّز.
٦. عدم وجود لائحة تنظيمية توضِّح واجبات المتطوعة وحقوقها.
٧. تكليف المتطوعة بما لا تطيق من الأعمال والأنشطة.
٨. ضعف التآلف والانسجام داخل فريق العمل.
٩. وجود عدد كبير من المتطوعات أكثر من حاجة العمل، مما يؤدي إلى التقصير في الاستفادة من بعضهن.

ثانياً: أسباب من المتطوعة نفسها:

١. ضعف تَفَهُّم المتطوعة لرسالة المؤسسة وأهدافها.
٢. ضعف استيعاب المتطوعة لما أُسند لها من مهام.
٣. الفتور الذي قد يعتري الإنسان في كل عمل يتصدى له.
٤. ضعف ثقافة التطوع في المجتمع، وعدم إدراك ضرورة الاستمرار فيه.
٥. قِصَرُ النَّفَس، مما يؤدي إلى الاندفاع في البداية ثم الانقطاع.
٦. عدم القدرة على الموازنة بين العمل التطوعي وبقية التزامات المتطوعة الاجتماعية والأسرية.
٧. التشتت وضعف القدرة على تحديد الأهداف، مما قد يؤدي إلى الدوران في دائرة مغلقة.

وبعض مؤسسات العمل التطوعي قد تلجأ إلى إغلاق باب التطوع تماماً، وتعتمد على الموظفات المتفرغات فقط بحجة ضعف قدرات المتطوعات، أو عدم جديتهن في تحمُّل المسؤولية، مما يَحرِم الجميع من خير كثير. وهذا بلا شك توجُّه غير صحيح، ومن المهم أن تتفهم المؤسسات أسباب الانقطاع، وتتعامل معها بحكمة وبصيرة.

وفي المؤسسات الكبيرة ينبغي أن تكون هناك إدارة خاصة بإدارة المتطوعات، تُعنى باستقطابهن، وتدريبهن، ورعاية أنشطتهن، ومعالجة مشكلاتهن.

قصتي
مع الباروكة (١)

فتيات يمشين في ردهات المستشفى، أو يُدفعن في أروقتها على مقاعد متحركة، أو أسِرَّةٍ يدفعها ممرضو الطوارئ بارتباك وسرعة... في عمر الزهور، وليس لهن من لونها نصيب!

في العين دمعة تتوارى وانكسار وخجل، وفي الوجه ذبول واصفرار...

قصة جميلة لم تكتمل، زهرة رائعة جفَّت وذبلت وتكاد أن تنكسر... أنظر إليهن وأعلم أن جذور تلك الزهور لا تزال تنبض بالحياة والأمل، وأنها - برحمة من الله - قد تعود الجذور لسقياها ويفوح أريجها، لتعود وردة ملونة تنبض بالحياة ويشعُّ منها الجمال.

كنت أتصفح مجلة فيها قسم للفتاوى، فقرأت فتوى للشيخ العلامة ابن عثيمين - رحمه الله - عن حكم ارتداء الشَّعر المستعار (الباروكة) وأنها جائزة إذا كانت المرأة صلعاء، أو مصابة بمرض في شعرها. رحمك الله شيخنا وجعلك في الفردوس الأعلى من الجنة، فكم علمتنا حياً وميتاً. أضاءت هذه الفتوى في ذهني فكرة.!

---

(١) أعتذر كثيراً عن استخدام اللهجة العامية في هذه القصة، لكنني أردت أن أذكرها كما وقعت بدون تكلف، ولعل ما خرج من القلب يدخل إلى القلب.

تعلمون أن جزءاً كبيراً من جمال المرأة وأنوثتها في شعرها؛ لذلك فإن تساقط الشعر والرموش بسبب العلاج الكيميائي خاصة للفتيات المراهقات يمثِّل أزمة نفسية مؤرقة، فلم لا أبحث عن شعر مستعار (باروكات) للبنات اللاتي يتلقين العلاج الكيميائي من سن الخامسة عشرة فما فوق؟

بحثت، وسألت بعض دور التجميل، وبعض المتخصصات في تجميل الشعر، لكني لم أجد إلا نوعية رديئة وغالية الثمن، وبألوان لا تتناسب مع بيئتنا. حقيقةً أني دعوت الله أن ييسرها، فقد أشغلتني الفكرة، وسيطرت على عقلي.

ذُكرت لي في مملكة البحرين في دار تجميل، فاتصلت بهم، وأخبروني أنها موجودة وبألوان متعددة، وأنهم سيوفِّرون الكمية التي أريد، ولكنَّ أسعارها غالية تبدأ من أربع مئة ريال لتصل إلى ألف ريال للواحدة!

لو كنت أريد واحدة أو اثنتين لاشتريتها، ولكن كنت أريد أن أوفِّر كمية أستطيع توزيعها بشكل دائم لزهراتنا في هذا العمر؛ فكَّرت أن أتعاون مع شقيقاتي وبعض قريباتي لشرائها.

في منتصف الصيف الماضي كانت إحدى صديقاتي ستسافر لتركيا، فأوصيتها أن تبحث هناك وكانت - جزاها الله خيراً - مهتمة بهذا الموضوع، فأحضرت معها (ثماني باروكات) في غاية الروعة، ورفضت أن تأخذ ثمنها، جزاها الله خيراً.

كانت شعراً طبيعياً جداً وبقَصَّة جميلة ولون كستنائي جذَّاب، وبدأت أتلفت حولي في مركز الأورام أبحث عن الشابات الصغيرات...

وفي أحد الأيام (٢٧رمضان) كنت في مستشفى الأورام وتوجهت إلى بوابة الخروج، وكان أمامي ممرض يدفع شابَّة صغيرة في كرسي، فتوجهت إليهما وتكلمت مع الممرض: (لو سمحت، لحظة ممكن أكلم البنت؟) ثمَّ سلَّمت عليها وعرفتها بنفسي وتعرفت عليها، اسمها ريم (١٦سنة)، قلت لها: ريم، عندي لك هدية للعيد، بس ما أعرف هل ستعجبك أم لا؟ ابتسمت وبدا على وجهها ترقُّب، وقالت: بالعكس أكيد ستعجبني إيش الهدية؟

الهدية غريبة شوي، وما تتوقعينها؟

ازدادت ابتسامتها اتساعاً وقالت: هذي فزورة!

- حلو: اعتبريها فزورة، أليس بعض الناس يسمون رمضان شهر الفوازير؟

- أتوقع: حلويات؟

- لا.

- فستان؟

- لا.

- بلاي ستيشن؟

- لا.

- عباية؟

- أيضاً لا، خلاص بقول لك عشان ما أعطلك أكثر من كذا.

ازداد الترقب والابتسام في وجهها... هـــــــاه يا الله...

- الهدية بارك الله فيك باروكة. باروكة كأنها شعر طبيعي تماماً مثل الحرير، تلبسينها وتتدلعين فيها وأتحدى وحده من البنات تكون أحلى منك، تبغينها يا ريم؟

الوجه الآن منطلق تماماً ويتلوَّن من الانفعال.

- أكيد أبغاها، متى تجيبينها؟

آه من هذا السؤال! ومر ببالي بسرعة زحمة جدولي، ومن الذي لا يزدحم جدوله في هذا الوقت؟

ما أردت أن أعطيها موعداً محدداً، ثم سألتها عن جناحها ورقم غرفتها ووعدتها بالعودة قريباً. أثناء حديثنا كانت يدي بيدها وكانت انفعالاتها تنتقل إليَّ من كفها إلى كفِّي، واستعد الممرض لدفع العربة، فقلت لها: يدي يا ريم ودِّي آخذها معي إذا تسمحين، إيش رأيك تتركينها؟

فانفجرت بضحكة مجلجلة في البهو الهادىء! فكانت أجمل نهـاية لأغرب محادثة!

* * *

كانت العودة إليها هاجساً لا يتوقف طوال يومين، وأجبرت نفسي اليوم الثالث أن أتوجه إلى مركز الأورام وأرتاح وأريحها ليلة العيد.

ودخلت المركز

كان هادئاً ساكناً لا ألمح فيه أحداً إلا عامل نظافة من بعيد، ومعظم الأنوار مطفأة، حُق لهم أن يقولوا: عيد بأي حالٍ عدت يا عيد؟

اللهمَّ فرِّج كربتهم وأنزل عليهم عافيةً من عندك يا حي يا قيوم.

* * *

توجهـت إلى غرفـة ريـم وطرقـت البـاب ففتحـت أمهـا وقالـت: تفضـلي، مـن أنـتِ؟ بمجـرد دخـولي - واللـه - وقبـل أن أتحـدث، تحاملـت ريـم

على نفسها وجلست وهي تبتسم، وقالت بصوت واهن: هلا أبلة فاطمة، أحسبك نسيتيني.

شعرت بالذنب، وخنقتني دموعي.

- لا والله حبيبتي، ما نسيتك، أنا وعدتك أحضرها قبل العيد؟ صح؟

- صح.

وسلمت على والدتها... وبدأت تحدثني: ريم من قبل أمس، من يوم قابلتيها ومالها حديث إلا عن الباروكة، وكيف شكلها، وكيف موديلها، وكيف لونها...؟ ورفضت تخرج لغرفة الألعاب وتتمشى خارج الغرفة؛ خايفة تجين وما تحصلينها.

تدخلت ريم بالكلام: كنت أفكر، يمكن كنت أحلم، وما شفت أحد وكلمني عن الباروكة؛ لأني كنت طالعه من الأشعة وآخذة مخدر خفيف، ولما تأخرتِ قلت في نفسي: يمكن حلم!

لا يا حبيبتي، ما كان حلماً، هو علم، لكن أجمل من الحلم.

ضحكت ريم، وكنت أدري أنها تحترق لترى الباروكة وترتديها... أخرجتُها من الكيس، وتوجَّهتُ لسرير ريم حبيبتي؟

رفعتُ الغطاء الذي على رأسها ووضعت الباروكة، وثبتُّها ورتبتها من الأمام وأخرجت مرآة دائرية كبيرة أحضرت نفسها.

هنا لا أستطيع أن أصف لكم ما حصل كما حصل، سيبقى نقلي ناقصاً!

نظرت ريم بذهول وانبهار، وأخذت تهز رأسها غير مصدقة! كانت تتلمس الشعر بأصابعها وقد ارتفعت أنفاسها كيف كان الوضع؟ هي على سريرها جالسة، وأنا أمامها واقفة أُمسك لها بالمرآة، انفجرت باكية.. ولفت يديها من و ووضعت رأسها على صدري! فاجأتني ردة فعلها! وضعتُ المرآة على السرير، واحتضنت رأسها وحاولت تهدئتها.

مرت دقائق وهي في وضع من البكاء أخافني حقيقة!

رفعَتْ رأسها لوالدتها ويديها ما تزال خلفي، وقالت باندفاع مختلط بالبكاء: يمه، خلاص باخذ العلاج الكيماوي، ما عاد أضيِّق صدرك إن شاء الله، وبآكل، وباغتسل...

شوفي شكلي - يمَّه - كيف صار، ما أصدق! ورفعت رأسها إلي: شكراً، شكراً أبلة فاطمة.

أنزلت يديها عني وتهالكت أنا على الكرسي، وأنا - واللـــــه - أرتجــف من الألم؛ فقلبي لا يقوى على مثل هذه المواقف القوية.

كانت أمها تبــكـي وأصرَّت أن تضيِّفني فنجان قهوة كنت بأمس الحاجة له.

كنت متوقـعه فرحة وسعادة، لكن ما توقعت أن نفسيتها كانت مشحونة، وما توقعت مثل هذا الانفعال!

أخذت فنجاني وأخذت هي المرآة، وهي تتلفت متأملة مظهرها من كل زاوية.

ودار حديث بيني وبين والدتها؛ حيث دلَّتني على شابة أخرى في نفس القسم، فذهبت إليها وألبستها باروكتها، كانت متعبة جداً، وردَّة فعلها ابتسامة واهنة فالمرض هدَّها، ولكن دموع والدتها ودعواتها كانت أبلغ من أي كلمات.

خرجت من المركز وأنا متعبة حزينة، وقد آلمني المــوقــف!

شوارع الرياض مضاءةٌ بزينات العيد، صخب المدينة يشتت أفكاري، والسيارات تمتلئ بالأُسر مجتمعة تُسابق الوقت لقضاء حاجاتها.

الليـلــة عيد بكل ألوانه وضجيجه المحبب.

كانت أفكاري خلفي: كم يعانين بصمت!

الطفل يبكي.. ويعلن عن ألمه، ويرفض الإبرة أو العلاج الكيميائي.

أما الفتيات في سنِّ الخامسة عشرة يتصوَّرَن أنهن كبيرات! فيتألمن بصمت، هموم مكبوتة، آلام مختزنة.

يـا اللــــــــــه..!

هل كانت ريم تتخيل أن كل هذه المشاعر محبوسة بداخلها؟

هل كنت متصورة أن هدية بسيطة سفعل كل هذا الفعل في نفسيتها؟

اتكــأت برأسي إلى الخلف والسيارة تتجه إلى البيت.

أفكاري تتهادى حزينة بعيدة عن أجواء العيد، ولكن يجب أن أتناسى كل شيء وأبتسم فالليلــة عيــــــد.

* * *

نسيت قبل أن أدخل إلى البيت أن هناك شيئاً لم أستطع إخفاءه.

قابلتني عينان في غاية الذكاء وابتسامة تساؤل.

- لـيـــه العيون حمرا ليلـة العيد؟

قبَّلت الرأس والكفين!

- لا شـيء يمـه، أريد أن أنــــــام.

* * *

اتصلــت بي والدتها وأخبرتنـي أن ريم خرجت من قوقعتهــا، وذهبت لحفل العيد مع الأسرة، وحضرت مناسـبتين اجتماعيتين بعدها، أخبرتني كم كانــت سعيدة وواثقة بنفسها، وفخورة بشكلها الجديد.

ثم بعد شهرين اتصلـت بي ثانية وأخبرتني أن ريم متعبة جداً، وأنها تسـأل عني، كنت مرافقة لولدي في العناية المركزة، وهي في العناية المركزة في المبنى الآخر. المسافة بيننا بالأمتار، ولكن كم كانت بعيدة، بعيدة..!

كلَّمت ريم بالهاتف، ولم أسمع سوى حشرجة ضعيفة، وعلمت أني لن أراها، فهمسـت لها قبل أن أغلـق الهاتف: ريم أنت مؤمنـة بالله، أنت شجاعة، وأنا أحبك!

عدت لسرير طفلي، أمسكت يده الصغيرة بخوف، فقدت حتى قدرتي على البكاء، كان قلبي ، وقلب أم ريم، وقلب أم صقر، وقلب أم جنَّات... كانت قلوبنا تلتجىء إلى الله وحده تطلب منه العون.

* * *

مع أول خيوط الفجر فـي تلك الليلة الطويلة ماتت ريم رحمها الله.

صعدت روحها البريئة الطاهرة، ونزلت رحمات الله بالثبات على قلب والدتها..

كانت قلوبنا تخفق بالخوف، لكن حسن الظن بالله كبير، والرضا بقضائه يملأ القلوب.

جنَّـات

لفت نظري اسمها، فقد سمعت عنها قبل أن أراها، تشوقت لرؤيتها، وفـي إحدى حفلات (فريق النجاح) فـي مركز الملك فهد لأورام الأطفال، كنت مع مجموعة من الأطفال فـي ورشة الرسم، ولاحظت طفلة في السابعة من عمرها تجلس مع الأمهات ولم تشارك في أي نشاط، كانت ترتدي الكمّامَة على وجهها؛ بسبب نقص المناعة الناتجة من استخدام العلاج الكيميائي. سلمت عليها، فردت السلام بعينين لم يُنقِص من جمالهما تساقط الرموش، ولا ذبول المرض.

دعوتها لمشاركتنا وأنا أتجاهل ذراعها اليمنى المبتورة من الكتف، رفضَتْ، فكلّمت والدتها بأن تأتي لتُكمل معي لوحتي، فدفعتـــ مقعد ابنتها، ووقفت أنا وهي نتشارك في الرسم والطفلة تنظر إلينا بلا مبالاة وصمت.

كانت اللوحة عبارة عن منظر طبيعي مشرق الألوان، أخذْتُ الفرشـاة وغمستها باللون الأسود ومرَّرتُها بضربات سريعة على اللوحة، فسمعت خلفـي صوتاً ضعيفاً بلهجة شرقاوية جميلة:

لا، خربتيها يا أبلة!

ناولتها الفرشاة ودفعت مقعدها قرب اللوحة، وطلبت منها أن تخبرني ما الصواب؟

نجحت حركتي الاستفزازية وشاركتْ معنا أخيراً.

منذ ذلك اليوم: أصبحنا صديقتين (أنا وجنَّات).

بعد أيام كان موعد تركيب الطَرَف الصناعي لها.

في صباح ذلك اليوم الحزين اتصلت بي والدتها وطلبت مني الصعود إلى غرفة جنَّات، كان منظراً محزناً؛ الدكتور يقف في وسط الغرفة مرتبكاً، والممرض خارج الغرفة وقد بدا عليه الحزن الشديد، كانت جنَّات تتشبث بكتف أمها وهي ترتجف من شدة البكاء... أخبرتني أمها أنها جُنَّت عندما رأت اليد الصناعية فأخذتْها ورمتْها بعنف، وصرخت بكل براءتها في وجه الطبيب: رجِّع يدي، أنت اللي قطعتها، هذي يد لعبة، هذي يد عروسة، ما أبيها... ما أبيها... ما أبيها...!

كيف لأحدٍ أن يصف هذه المشاعر البريئة ؟

تمزَّق قلبي بين جنَّات وأمها والطبيب المسكين!

من كان يصدق أن بداية المرض كان قشوراً بسيطة حول الأظافر، ثم تحولت إلى جروح ففقدت الطفلة يدها بتدرُّجٍ مؤلم، فقد قُطعت الأصابع أولاً، ثم الكف، ثم الذراع حتى المرفق، ثم العضد حتى الكتف.

شهور قضتها جنَّات في المستشفى، وفي كل مرحلة من مراحل العلاج، بل في كل ساعة كانت والدة جنَّات تئن من أعماقها وهي ترى الذبول التدريجي لابنتها. وإذا كانت جنَّات هي التي تخضع للعلاج، فإن الأبوين يتصدعان من أعماقهما بصمت..!

صدقيني يا أم جنَّات إنني أرجو أن تكون يدها سبقتها إلى الجنة، فأحسني الظن بالله، وإن صبرت ورضيت بقضاء الله وحِكْمته لن تكون جنة واحدة بل (جنَّات) عرضها السموات والأرض وتذكري قول النبي #: «ما يصيب المسلم من نصب ولا وصب، ولا همٌّ ولا حَزَن ولا أذى ولا غمّ، حتى الشوكة يُشاكها، إلا كفَّر الله بها من خطاياه»(١).

رفعت رأسها، ومسحت دموعها، ولم تزد أن قالت: الحمد لله رب العالمين.

* * *

أسرة جنَّات ليست فقيرة تنتظر الصدقة، لكنها كانت تنتظر الكلمة الحانية التي تُذكِّرها بالله وتخفِّف من ألمها، وتثبِّتُها وترفع من معنوياتها.

الذي أريد أن نصل إليه جميعاً: هو أن العمل الخيري لا يقتصر على الإحسان للفقير أو رعاية اليتيم فحسب، فهناك كثير من الناس بحاجة لوجودنا بقربهم بما نقدر عليه من كلمات رقيقة صادقة وحسٍّ إنساني يَنفُذ إلى أعماق القلب، مهما علا مستواهم المادي والاجتماعي، فإن كنتِ صادقة في مشاعركِ، ستجدين أمامك إنسانة ضعيفة منهارة تنظر إلى قلبك ومقدار إحساسك بها، لا إلى يدك وما تحمله!

ولهذا كان من حق المسلم على المسلم زيارته عند مرضه، ومواساته في مصيبته، والمقصود الشرعي من الزيارة ليس مجرد عيادة المريض، بل تثبيته وتذكيره بالله، وتخفيف ألمه، والشدّ من أزره.

---

(١) أخرجه: البخاري رقم (٥٦٤١).

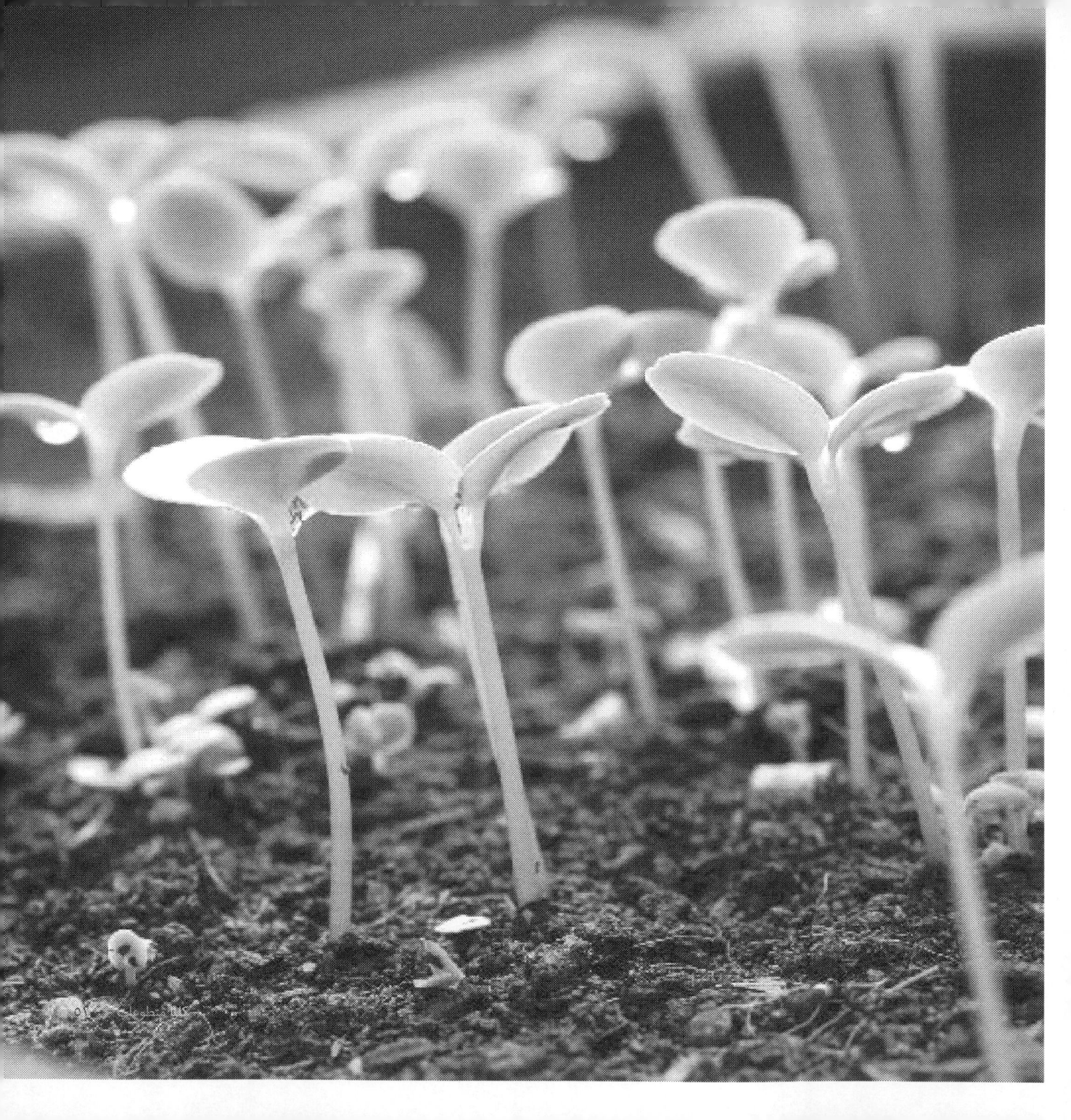

الخاتمة

العرفان والامتنان خلق كريم يدُلُّ على سموٍّ أخلاقيٍّ وصفاءٍ نفسيٍّ، ولهذا قال النبي #: «لا يشكر الله من لا يشكر الناس»[1].

إن الشكر والتقدير للمتطوعات بوابة لاستمرار العطاء، والثناء المتوازن تشجيع على الإبداع، وتركيز المدح على الفعل الحسن - دون المدح المطلق للمتطوعة - أمر ضروري لاستخراج كوامن الطاقات وإطلاق القدرات وتكثير المتطوعات في فعل الخير، وقد كان من هدي النبي # الثناء على المحسن، فمرة يقول: « إن فيك خصلتان يحبهما الله ورسوله: الحلم والأناة»[2]، ومرة يقول: «نِعْمَ الرجل عبد الله لو كان يصلي من الليل»[3] ونظائر ذلك كثير.

لكن في الوقت نفسه ينبغي للمتطوعة أن لا تنتظر الشكر من أحد، بل يجب عليها أن تجتهد في إخلاص العمل وتحرص على بذل المعروف، حتى ولو رأت الجحود والنكران؛ لأن من يعمل ابتغاء وجه الله؛ فإنه لا يرجو الثواب إلا منه - سبحانه وتعالى -، وتأملي سِيَر الأنبياء جميعاً - عليهم الصلاة والسلام - وسوف تقفين على نماذج غاية في الروعة، وحسبك أن تقرئي قول الله - تعالى -: ﴿قُل لَّآ أَسْأَلُكُمْ عَلَيْهِ أَجْرًا﴾ [الأنعام: ٩٠]، وقوله - تعالى -: ﴿إِنَّمَا نُطْعِمُكُمْ لِوَجْهِ اللَّهِ لَا نُرِيدُ مِنكُمْ جَزَآءً وَلَا شُكُورًا﴾ [الإنسان: ٩].

ومَنْ رسخ هذا الشعور في قلبها، تدفّق عطاؤها واستمر إنجازها، حتى وإن عاملها بعض الناس بما لا يليق بها، وما أعظم ما نقل

(١) أخرجه: أحمد رقم (٧٩٣٩)، وصححه الأرنؤوط.

(٢) أخرجه: مسلم رقم (١٢٦).

(٣) أخرجه: البخاري رقم (١١٢٢)، ومسلم رقم (٢٤٧٩).

إلينا عبد الله بن مسعود – رضي الله عنه – قال: كأني أنظر إلى النبي # يحكي نبياً من الأنبياء ضربه قومه فأدمَوه، وهو يمسح الدم عن وجهه ويقول: «اللهم اغفر لقومي؛ فإنهم لا يعلمون»[1].

صحيح أن النكران مؤلم، بل مؤلم جداً، لكن لا تندم على العطاء من كان مبتغاها ما عند الله والدار الآخرة، وما أجمل قول عبد الله بن عباس - رضي الله عنهما -: «لا يزهدنك في المعروف كفر من كفره، فإنه يشكرك عليه من لا تصطنعه إليه)»[2].

ووصيتي لنفسي ولأخواتي في خاتمة هذه الوريقات، أن نحرص على المبادرة في فعل الخيرات، وأن نتسابق في العمل التطوعي، تحقيقاً لقوله - تعالى -: ﴿ فَاسْتَبِقُوا الْخَيْرَاتِ﴾ [البقرة: ١٤٨]. وعلينا أن نستثمر طاقاتنا في كل ما يقربنا إلى الله - تعالى - قال رسول الله #: «اغتنم خمساً قبل خمس: حياتك قبل موتك، وصحتك قبل سقمك، وفراغك قبل شغلك، وشبابك قبل هرمك، وغناك قبل فقرك»[3].

أسأل الله أن يرزقنا الإخلاص في القول والعمل، وأن يوفقنا لما يحب ويرضى.

وصلى الله وسلم وبارك على نبينا محمد وآله وصحبه.

---

(١) أخرجه: البخاري رقم (٣٤٧٧)، ومسلم رقم (١٧٩٢).

(٢) عيون الأخبار لابن قتيبة (١١٨/٣).

(٣) أخرجه: الحاكم، وصححه الألباني في صحيح الجامع رقم (١٠٨٨).

من رسائل الأطفال لمرضى السرطان
صديقي :
نصيحتي الوحيدة
أن تكوني قريبة من
ربك
الله معك أينما كنت

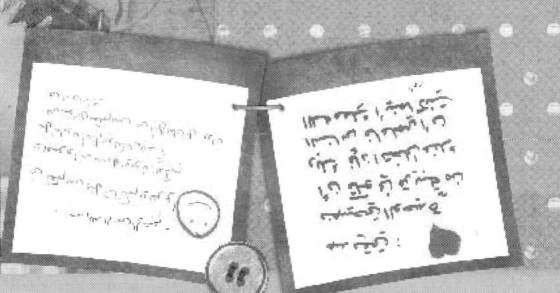

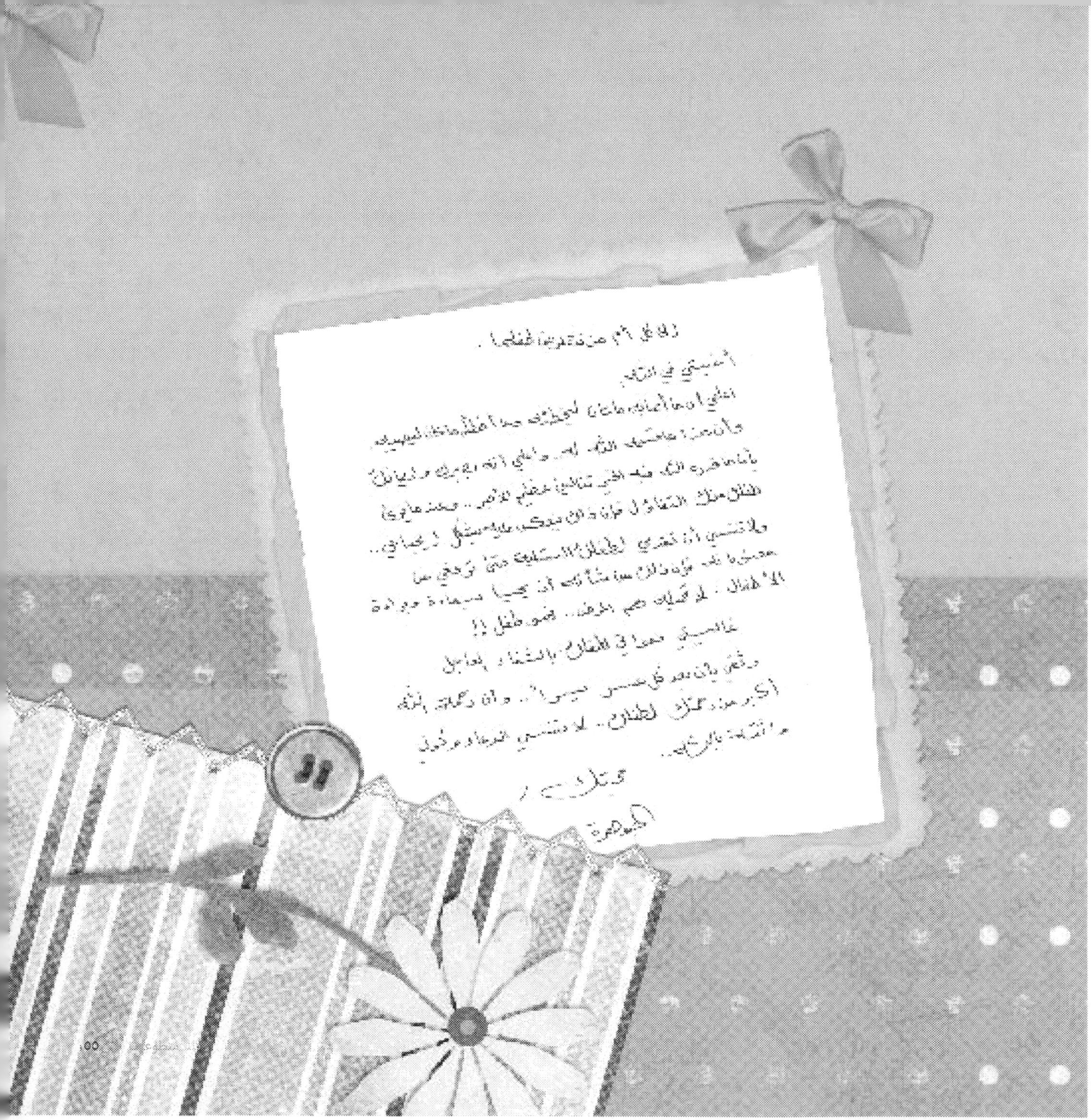

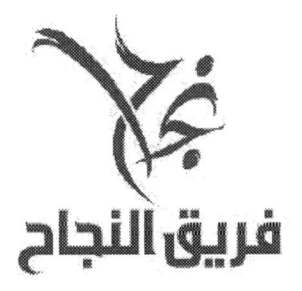

فريق النجاح

www.najahteam.com

Printed in the United States
By Bookmasters